(Conserver la couverture) Déposé

RÉPUBLIQUE FRANÇAISE

MINISTÈRE DE LA GUERRE

DÉCRET

DU 4 JANVIER 1889

MODIFIANT LES DISPOSITIONS

QUI RÉGISSENT LE

SERVICE DE LA SOLDE

ET LES TARIFS

PARIS | LIMOGES
11, place Saint-André-des-Arts. | 46, Nouvelle route d'Aixe, 46.

IMPRIMERIE ET LIBRAIRIE MILITAIRES

Henri CHARLES-LAVAUZELLE

Éditeur.

1889

DÉCRET

DU 4 JANVIER 1889

MODIFIANT LES DISPOSITIONS

QUI RÉGISSENT LE

SERVICE DE LA SOLDE

ET LES TARIFS

Rapport au Président de la République française, sur les modifications à apporter aux dispositions qui régissent le service de la solde et les tarifs.

Paris, le 4 janvier 1889.

Monsieur le Président,

Depuis de longues années, l'unification des soldes a fait l'objet des préoccupations communes du Gouvernement et de l'armée.

Dès 1885, M. le général Campenon avait présenté un projet à cet égard.

Puis vint, en 1887, le projet de M. le général Boulanger, que MM. les généraux Ferron et Logerot s'attachèrent à améliorer, et dont je trouvai le principe inscrit au budget de 1888.

Mais, malgré les atténuations que mes prédécesseurs y avaient apportées, l'unification des soldes, telle qu'elle était présentée, offrait encore de graves inconvénients :

Elle prélevait sur la solde de la troupe des armes spéciales les ressources nécessaires à l'augmentation de la solde des officiers ;

Elle ne prévoyait aucune disposition transitoire pour ménager les droits acquis, et réduisait brusquement la situation des hommes et de diverses catégories d'officiers, en possession depuis long temps d'une solde plus élevée ;

Enfin, elle faisait bénéficier le Trésor d'une économie nette de 1,755,000 fr. (résultat final de l'ensemble de l'opération), ce qui enlevait à la mesure le caractère bienveillant qui était dans la pensée des Chambres.

N° 9.

Aussi, les tarifs préparés par M. le général Logerot n'ayant pas encore été insérés au *Journal officiel* lors de mon entrée au ministère, je n'ai pas cru pouvoir en accepter la responsabilité.

Il m'a paru que la question ne pouvait être résolue que sur d'autres bases, et qu'il fallait s'adresser directement à la libéralité des Chambres dont la sollicitude pour l'armée s'était si souvent affirmée.

Elles ont répondu à mon appel au delà même de ce que j'osais espérer. Elles ont décidé que, non-seulement l'économie de 1,755,000 fr. ferait retour à l'armée, mais que :

1° Une somme de 3 millions serait accordée en trois ans, de manière à permettre de réaliser l'unification de la solde des officiers, sans rien emprunter à la solde de la troupe ; et elles ont inscrit, à cet effet, une première somme de 1,500,000 fr. au budget de 1889 ;

2° Une somme de 720,000 fr. serait affectée à l'amélioration progressive de la solde des capitaines de toutes armes, résultat bien longtemps poursuivi et jamais atteint jusqu'à ce jour ;

3° L'unification de la solde de la troupe serait commencée, dès le premier exercice, par un relèvement de la solde des troupes d'infanterie et de cavalerie qui sont actuellement payées sur le taux le plus bas (0,25 pour l'infanterie, 0,28 pour la cavalerie). Pour y faire face, les Chambres ont renoncé à l'économie de 1,200,000 fr. provenant de la suppression de la solde spéciale des soldats de 1re classe et à celle que doit procurer la disparition de certaines soldes de faveur antérieurement décidées en principe par mes prédécesseurs.

Grâce à ces dispositions libérales, l'unification des soldes sera bientôt un fait accompli.

Rien n'est changé en ce qui concerne les officiers généraux.

Les officiers et assimilés recevront une solde unique par grade, quelle que soit l'arme, et cette solde sera majorée d'une indemnité de monture dont le taux variera proportionnellement aux charges de l'officier, c'est-à-dire suivant le nombre de chevaux dont il est réglementairement pourvu.

La solde des officiers montés des grades inférieurs, et la solde des officiers supérieurs pourvus de deux chevaux, correspondra en principe à la solde actuelle des mêmes grades des armes spéciales.

Les capitaines recevront une solde progressive d'ancienneté à six, dix et treize ans de grade, au lieu et place de la solde actuelle de 1re classe, ce qui réalisera une amélioration sensible de leur situation.

Les gardes d'artillerie, les contrôleurs d'armes, les adjoints du génie, les vétérinaires, les officiers d'administration des services de l'intendance, les interprètes militaires, les archivistes d'état-major, les officiers d'administration du service de la justice militaire comptables et greffiers participeront également à l'unification des soldes. Toutefois, elle ne sera appliquée à ces différents personnels qu'après le vote d'un projet de loi unifiant les pensions comme la solde sur le taux des grades correspondants, projet déjà déposé à la Chambre des députés.

Des mesures transitoires sauvegarderont tous les droits acquis.

Enfin, l'unification de la solde de la troupe rapprochera le plus possible les allocations de celles qui sont aujourd'hui réservées aux armes spéciales.

Dans ces conditions, la réforme ne peut être accueillie qu'avec reconnaissance dans tous les rangs de l'armée.

J'entre dans quelques détails sur les tarifs annexés au présent décret.

I. — Bases générales de l'unification lorsqu'elle sera entièrement réalisée.

1° UNIFICATION DE LA SOLDE DES OFFICIERS.

Solde unique et indemnité de monture.

Le tableau A ci-joint présente (tarif n° 1) les allocations de la solde unique à constituer par grade ou selon la correspondance de grade aux officiers, fonctionnaires et employés militaires, quand la solde aura été unifiée complètement. Le tarif n° 2 indique les indemnités de monture à attribuer aux officiers pourvus de chevaux. Les officiers montés à titre gratuit auront droit à une allocation de 180 francs par an pour l'entretien de leur harnachement. Les officiers supérieurs qui sont montés à leurs frais recevront : 1° 180 francs pour l'entretien de leur harnachement; 2° 180 francs par cheval, soit, en tout, 360 francs par an quand ils posséderont un cheval, 540 francs quand ils en posséderont deux, et 720 francs quand ils en auront trois; ces allocations leur permettront d'amortir dans une certaine mesure le capital qui a servi à l'achat des chevaux. Quant aux officiers généraux, ils ne recevront pas, jusqu'à nouvel ordre, d'autres allocations pour leurs montures que celles qui se trouvent déjà comprises dans leur solde.

Lorsque les tarifs nouveaux pourront être appliqués complètement, les officiers supérieurs, en ajoutant à leur solde leur indemnité de monture, même pour deux chevaux seulement, auront droit à des allocations un peu plus élevées que la solde actuelle des armes spéciales. L'indemnité pour le troisième cheval est réservée. Les officiers subalternes d'infanterie et de cavalerie reçoivent également une amélioration.

Enfin, j'ai cru devoir arrondir certaines soldes au moyen d'une légère augmentation.

Solde progressive des capitaines.

L'avancement à la 1re classe du grade de capitaine crée aujourd'hui de grandes inégalités entre les différentes armes. Les anciennes dénominations pourront être maintenues avec les droits au commandement qui s'y attachent ; mais, au point de vue de la solde, tous les capitaines, assimilés, ou officiers ayant une correspondance de grade recevront indistinctement, quelle que soit leur classe, une augmentation de 360 francs à six ans de grade, et successivement deux nouvelles augmentations égales chacune à la précédente, la première à dix ans, la seconde à treize ans d'ancienneté dans le grade.

Pour certaines catégories (1), les lois d'organisation ayant prévu deux grades différents, correspondant à la 1re et à la 2e classe des capitaines de l'armée, une mesure spéciale s'imposait, en ce qui les concerne. La première augmentation de 360 francs coïncidera avec la promotion au grade correspondant à celui de capitaine de 1re classe.

Les augmentations ultérieures seront ensuite acquises à dix et à treize ans d'ancienneté, mais cette ancienneté sera comptée à partir de la nomination au grade correspondant à celui de capitaine de 2e classe.

Solde de 1re et de 2e classe dans le grade de lieutenant ou dans les situations correspondantes.

Les soldes de deux classes actuellement prévues dans le grade de lieutenant d'infanterie, de cavalerie, d'artillerie, du génie et du train des équipages militaires seront généralisées et appliquées à tous les grades ou situations correspondantes, conformément au tableau A.

La seconde moitié des listes d'ancienneté des catégories qui, actuellement, reçoivent exclusivement la solde de lieutenant de 1re classe, ou pour lesquelles une solde unique est prévue dans le grade de lieutenant, aura droit à la solde de la 2e classe déterminée au tableau A.

La solde de la 1re classe sera attribuée à la première moitié des mêmes listes.

Suppression de certaines soldes spéciales.

Tous les officiers, fonctionnaires, assimilés ayant le même grade ou la correspondance de ce grade, conformément aux groupements déterminés par le tableau A, devant recevoir une solde

---

(1) Gardes d'artillerie.
Contrôleurs d'armes.
Adjoints du génie.
Officiers d'administration des services de l'intendance.
Interprètes.
Archivistes.
Officiers d'administration de la justice militaire (comptables et greffiers).

uniforme, toutes les soldes spéciales disparaîtront, et seront ramenées aux fixations des tarifs dudit tableau.

Création d'une indemnité en marche pour les officiers généraux.

Le tarif n° 40 ne prévoit pas d'indemnité en marche pour les officiers généraux marchant à la tête de leurs troupes. Cette indemnité, qu'il semble équitable d'accorder, pourrait être fixée à 10 fr. par jour. Elle serait exclusive de toute autre payable sur les fonds de l'indemnité de route et ne serait pas allouée pendant les grandes manœuvres, les généraux recevant alors des indemnités spéciales.

Indemnité pour résidence dans Paris.

Les fixations du tarif n° 42, annexé au décret du 25 décembre 1875, relatif aux indemnités de résidence dans Paris, ont été remaniées de façon à mieux approprier les allocations aux diverses situations des officiers.

Elles comprendront, à l'avenir, une allocation pour les officiers généraux qui n'ont reçu jusqu'ici que l'ancien supplément de logement dans Paris.

Indemnité en rassemblement.

Il en serait de même des indemnités en rassemblement que ne reçoivent pas actuellement les officiers généraux et qu'il me semble équitable de leur attribuer.

De plus, les indemnités prévues au tarif n° 43 annexé au décret du 25 décembre 1875 seraient simplifiées et réduites aux indemnités n°s 1 et 2.

Corps du contrôle de l'administration de l'armée.

Le corps du contrôle de l'administration de l'armée fait actuellement l'objet d'un tarif de solde spécial.

Il a paru, en effet, au moment de la formation du corps, que toute idée d'assimilation aux différents grades de la hiérarchie militaire pourrait nuire à l'indépendance complète que la loi a voulu assurer aux contrôleurs, dans l'exercice de leurs fonctions.

Ces raisons n'ont rien perdu de leur valeur, et j'ai maintenu dans les nouveaux tarifs la distinction de tarif et de solde qui existait précédemment.

Mais j'ai pensé néanmoins qu'il convenait d'appliquer au corps du contrôle le principe aujourd'hui généralisé qui établit une différence de solde entre l'officier à pied et l'officier monté.

C'est dans ce sens qu'a été fixé le nouveau tarif des fonctionnaires du contrôle.

2° UNIFICATION DE LA SOLDE DE LA TROUPE.

La solde définitive de la troupe sera de 0 fr. 28 pour l'homme à pied et de 0 fr. 30 pour l'homme à cheval, de façon à tenir compte à ce dernier des fatigues plus grandes inhérentes à sa situation.

Ce sera une augmentation de 0 fr. 03 pour l'infanterie et de 0 fr. 02 pour la cavalerie.

Les caporaux et sous-officiers seront traités suivant des règles analogues, et des propositions ultérieures vous seront soumises à ce sujet.

De même, les sous-officiers rengagés recevront une solde supérieure à celle des sous-officiers non rengagés.

La solde des soldats de 1re classe, et celle de certains emplois spéciaux, tambours, clairons, trompettes, musiciens, sapeurs... sera supprimée.

Des améliorations notables seront apportées à la situation des sous-officiers employés militaires et à la solde des cavaliers de manège.

II. — Application partielle de l'unification des soldes à l'exercice 1889.

1° OFFICIERS.

Tarifs du tableau B.

Le tableau B présente les tarifs de solde qui seront appliqués dès le 1er janvier 1889.

Ces tarifs constituent la somme d'améliorations qu'il est possible d'apporter aux soldes actuelles, pendant cet exercice, avec les ressources accordées par les Chambres.

L'augmentation qui en résulte représente environ les trois quarts de l'augmentation définitive pour les sous-lieutenants et les catégories correspondantes, la moitié pour les lieutenants et les capitaines, le cinquième pour les officiers supérieurs.

L'augmentation a été appliquée autant que possible à la solde et le surplus à l'indemnité de monture. C'est ce qui explique certaines anomalies, purement transitoires d'ailleurs, dans la fixation de ces indemnités.

La majoration intégrale de solde correspondante à l'ancienneté de grade pour les capitaines, les assimilés ou les catégories ayant la correspondance de ce grade (tableau A), sera allouée dès le présent exercice.

Mesures d'application.

Enfin, le décret ci-joint détermine les règles à suivre pour l'ap-.

plication des nouveaux tarifs, au cours de l'exercice 1889, soit aux officiers en activité, en cas de changement de grade, de classe ou de passage de la position à pied à la position à cheval, et, réciproquement, soit aux officiers en non-activité, soit aux militaires (officiers et troupe) de la réserve et de l'armée territoriale.

2° TROUPE.

En ce qui concerne la troupe, la suppression déjà réalisée de la solde des soldats de 1re classe permet de relever, à partir du 1er janvier 1889, les soldes actuellement inférieures aux taux de 28 centimes pour l'infanterie et de 30 centimes pour la cavalerie.

Ce relèvement sera de 1 centime pendant le premier semestre et d'un second centime pendant le second semestre de 1889.

Les ressources disponibles ne permettent pas d'aller au delà pendant cet exercice.

Je me réserve d'examiner dans quelles conditions les soldes des emplois spéciaux et les soldes supérieures aux taux définivement arrêtés pourront rentrer dans la règle générale sans porter préjudice aux intéressés et sans nuire au bien du service.

Des propositions ultérieures vous seront soumises à ce sujet.

Cet ajournement, d'ailleurs, est de nature à mieux indiquer encore que les deux unifications de la solde des officiers et de la solde des troupes marchent parallèlement avec les ressources qui leur sont propres et sans rien emprunter l'une à l'autre.

III. — Mesures transitoires.

Les anciens tarifs resteront applicables aux situations acquises avant la date de mise en vigueur des tarifs nouveaux, si les premiers sont les plus avantageux, et les intéressés continueront d'en jouir jusqu'à ce qu'ils changent de grade, de classe ou de position.

Telles sont, Monsieur le Président, les lignes générales du décret que j'ai l'honneur de soumettre à votre signature.

L'emploi des crédits disponibles s'y trouve réglé dans des couditions aussi équitables que possible, et j'ose espérer que vous voudrez bien accorder votre haute sanction à l'œuvre difficile que le Ministre de la guerre a entreprise et que la bienveillance des Chambres a seule permis de mener à bonne fin.

Veuillez agréer, Monsieur le Président, l'hommage de mon respectueux dévouement.

Le Ministre de la guerre,
Signé : C. DE FREYCINET.

*Décret modifiant les dispositions qui régissent le service
de la solde et les tarifs.*

Paris, le 4 janvier 1889.

Le Président de la République française,

Vu la loi du 19 mai 1834 sur l'état des officiers ;

Vu l'ordonnance du 16 mars 1838, portant règlement sur la progression de l'avancement et la nomination aux emplois dans l'armée, en exécution de la loi du 14 avril 1832 ;

Vu le décret du 18 février 1863 sur la solde, les revues, l'administration et la comptabilité de la gendarmerie, et les divers tarifs qui fixent la solde des officiers de cette arme ;

Vu la loi du 13 mars 1875, relative à la constitution des cadres et des effectifs ;

Vu le décret du 30 mai 1875 sur les écoles militaires ;

Vu le décret du 25 décembre 1875, portant modification des dispositions qui régissent le service de la solde et des revues ;

Vu la décision présidentielle du 8 mars 1877, portant modification aux tarifs de solde ;

Vu le règlement du 12 février 1878 sur l'administration des corps de troupe de l'armée territoriale ;

Vu la décision présidentielle du 31 décembre 1878, fixant de nouveaux tarifs de solde pour les officiers et assimilés ;

Vu le décret du 8 mai 1880 sur l'organisation des archivistes des bureaux d'état-major ;

Vu le décret du 28 octobre 1882 sur l'organisation du corps du contrôle de l'administration de l'armée ;

Vu le règlement du 8 juin 1883 sur le service de la solde et des revues ;

Vu la loi de finances en date du 29 décembre 1888 ;

Considérant que les raisons qui ont motivé les différences de solde qui existent actuellement entre les officiers, fonctionnaires et employés militaires, suivant les armes, les emplois ou les services, n'ont plus aujourd'hui la même valeur ;

Considérant, d'autre part, qu'il est équitable de tenir compte aux officiers montés, au moyen d'une indemnité spéciale, des dépenses qui résultent pour eux de l'entretien du harnachement et de l'achat de leurs chevaux ;

Considérant, en outre, que les crédits votés par les Chambres permettent de réaliser, dès 1889, une partie des améliorations en projet ;

Sur la proposition du Ministre de la guerre,

Décrète :

I. — MODIFICATIONS DE PRINCIPE AU SERVICE DE LA SOLDE.

Art 1er. A partir du 1er janvier 1889, les dispositions qui régissent le service de la solde pour les officiers, fonctionnaires, employés militaires ou hommes de troupe, seront modifiées ainsi qu'il suit, savoir :

Suppression des soldes actuelles différentes suivant les armes ou les services.

Art. 2. Sont abrogés les tarifs de solde d'activité actuellement en vigueur pour les officiers, fonctionnaires, employés militaires de tous grades, ainsi que les différences qu'ils consacrent suivant les armes, les corps ou les services.

Est abrogé également le tarif de solde du corps du contrôle (décret du 28 octobre 1882).

Création de nouveaux tarifs (tableau A).

Art. 3. Sont substitués aux tarifs actuellement en vigueur les tarifs du tableau A annexé au présent décret.

Ces tarifs consacrent le principe d'une solde unique par grade ou correspondance de grade pour les officiers, fonctionnaires ou employés militaires, quels que soient l'arme ou le service (tarif 1), ainsi que d'une indemnité de monture qui est allouée à ceux d'entre eux qui sont montés (tarif 2).

Il n'est pas créé pour les officiers généraux et assimilés d'indemnité de monture.

Règles d'allocation de la solde dans le cas de passage d'une position montée à une position non montée, et réciproquement.

Art. 4. En cas de passage d'une position montée à une position non montée, et réciproquement, l'indemnité de monture est attribuée d'après les règles déterminées par les articles 32 et 33 du règlement du 8 juin 1883, relatifs à l'allocation de la solde, pour le cas de promotion, suivant que l'officier, le fonctionnaire ou l'employé militaire change ou non de résidence.

Elle est due, d'après le nombre de chevaux que doivent réglementairement posséder les officiers, fonctionnaires ou employés militaires, et sans qu'il y ait lieu de se préoccuper, à ce point de vue, de l'existence réelle des montures. Elle continue d'être allouée pendant le temps des permissions, congés, séjour à l'hôpital, etc.

Solde progressive pour les capitaines ou les catégories de même correspondance.

Art. 5. La solde de capitaine de 1re classe est supprimée.

Il est créé pour les capitaines, adjoints à l'intendance, médecins et pharmaciens-majors de 2ᵉ classe, vétérinaires en premier, une solde progressive en raison de leur ancienneté. Elle varie suivant qu'ils ont 6, 10 ou 13 ans de grade, et la quotité est déterminée au tableau A.

Les officiers d'administration, les officiers d'administration greffiers et comptables, les gardes d'artillerie et adjoints du génie, les contrôleurs d'armes, les archivistes, les interprètes militaires participent à cette mesure dans les conditions particulières indiquées dans la colonne d'observations du tableau A.

Etablissement uniforme de deux classes pour le grade de lieutenant et pour les emplois ayant la même correspondance.

Art. 6. Dans toutes les armes et dans tous les services (gendarmerie comprise), le grade de lieutenant ou les emplois qui ont une correspondance analogue comportent une solde de 1ʳᵉ classe et une solde de 2ᵉ classe, déterminées au tableau A.

La solde de 1ʳᵉ classe est attribuée aux lieutenants de 1ʳᵉ classe ou, pour les catégories ayant la correspondance du grade, sans distinction de classes, à la première moitié de la liste d'ancienneté.

La solde de 2ᵉ classe est attribuée aux lieutenants de 2ᵉ classe, ou à la seconde moitié des listes d'ancienneté selon le cas.

Maintien des indemnités de fonctions à certains officiers.

Art. 7. Les officiers des compagnies de discipline et les officiers du service de la justice militaire (ateliers, pénitenciers, prisons), conservent leurs indemnités de fonctions actuelles.

Création d'une indemnité en marche pour les officiers généraux.

Art. 8. Une indemnité en marche est attribuée aux officiers généraux marchant à la tête de leurs troupes en dehors des grandes manœuvres; le taux en est déterminé par le tableau A (tarif n° 3).

Modifications à l'indemnité de résidence dans Paris.

Art 9. Le tarif n° 4 du tableau A pour les indemnités de résidence dans Paris est substitué au tarif n° 42 annexé au décret du 25 décembre 1875.

Modification à l'indemnité en rassemblement.

Art. 10. Le tarif n° 5 du tableau A pour les indemnités en rassemblement est substitué au tarif n° 43 annexé au décret du 25 décembre 1875.

Solde du corps du contrôle de l'administration de l'armée.

Art. 11. La solde du corps du contrôle fait l'objet d'un tarif spécial (tarif n° 8 du tableau A).

Suppression de la solde de 1re classe dans les corps de troupe.

Art. 12. La solde de soldat de 1re classe est supprimée dans tous les corps de troupes, à partir du 1er janvier 1889.

II. — TARIFS APPLICABLES EN 1889 ET MESURES TRANSITOIRES.

Art. 13. La solde à attribuer, en 1889, anx officiers, fonctionnaires et employés militaires est fixée par le tableau B annexé au présent décret.

L'application des tarifs aux officiers, fonctionnaires et employés militaires est réglée ainsi qu'il suit :

Allocations de solde au 1er janvier 1889.

Art. 14. Les officiers, fonctionnaires ou employés militaires qui se trouveront, au 1er janvier 1889, en possession d'une solde inférieure à celle qui devrait leur être attribuée d'après les tarifs du tableau A (solde et indemnité de monture réunies) bénéficieront, en 1889, d'une augmentation de solde déterminée pour chaque grade et chaque catégorie par le tableau B.

Ceux d'entre eux qui se trouveront, au 1er janvier 1889, en possession d'une solde supérieure soit à celle du tableau A, soit à celle du tableau B (solde et indemnité de monture réunies), seront admis à la conserver transitoirement, jusqu'à ce qu'ils aient été l'objet d'un changement de grade, de classe ou de position.

Allocations de solde en cas de changement de grade, de classe ou de position au cours de 1889.

Art. 15. Sont applicables aux officiers, fonctionnaires et employés militaires, changeant de grade, de classe ou de position, au cours de l'exercice 1889 :

1° Les tarifs 1 et 2 du tableau A s'ils sont inférieurs en total aux fixations des tarifs actuellement en vigueur ;

2° Les tarifs du tableau B dans le cas où la solde des tarifs actuellement en vigueur est inférieure au total des allocations des tarifs du tableau A.

Art. 16. Les anciens tarifs resteront applicables aux situations acquises avant la date de mise en application des tarifs nouveaux, si les premiers sont les plus avantageux et jusqu'à ce qu'un changement de grade, de classe ou de position soit intervenu.

Solde des officiers d'administration, vétérinaires, gardes d'artillerie.
adjoints du génie, etc.

Art. 17. Les dispositions du présent décret et les tarifs y annexés
ne seront applicables aux gardes d'artillerie, aux contrôleurs d'armes, aux adjoints du génie, aux vétérinaires, aux officiers d'administration des services de l'intendance, aux interprètes militaires,
aux archivistes d'état-major, aux officiers d'administration du
service de la justice militaire, comptables et greffiers, qu'après le
vote d'un projet de loi unifiant les pensions de retraite sur le taux
des grades correspondants.

Art. 18. Les tarifs n°s 3, 4 et 5 du tableau A ne seront appliqués
qu'à une date qui sera ultérieurement fixée.

Les tarifs n°s 40, 42 et 43, annexés au décret du 25 décembre 1875,
restent donc en vigueur.

Solde des hommes de troupe non gradés de l'infanterie, des troupes
d'administration et de la cavalerie en 1889.

Article 19. A partir du 1er janvier 1889, il sera attribué aux militaires non gradés de l'infanterie, des troupes d'administration et
de la cavalerie une augmentation de 0,01 par jour.

Une nouvelle augmentation de 0,01 par jour sera attribuée aux
mêmes hommes de troupe, à partir du 1er juillet 1889.

Ces augmentations ne s'appliquent pas aux hommes de troupe
dont la solde est supérieure à 0 fr. 25 par jour pour l'infanterie, et
à 0 fr. 28 pour la cavalerie, non plus qu'aux indigènes des régiments de tirailleurs, aux hommes de troupe, français et indigènes,
des trois régiments de spahis en Algérie et aux indigènes du
régiment de spahis stationné en Tunisie.

Les soldats de 1re classe, actuellement encore en possession de
la solde de cette classe, la conserveront jusqu'à promotion ou
changement de position.

III. — Application des nouveaux tarifs aux militaires
de la réserve et de l'armée territoriale.

Art. 20. Les dispositions du présent décret et les tarifs ci-
annexés sont applicables aux militaires de la réserve et de l'armée
territoriale, officiers et soldats, dans les mêmes conditions qu'à
l'armée active.

Cependant, les lieutenants et les catégories correspondantes
n'auront droit, comme par le passé, qu'à la solde de la 2e classe
du grade ou à la solde de la seconde moitié de la liste d'ancienneté.

De même les capitaines et assimilés recevront la solde du grade, mais sans bénéficier de la solde progressive pour ancienneté de service.

IV. — Officiers en non-activité.

Art. 21. Les tarifs de solde de non-activité actuellement en vigueur continueront à être appliqués aux officiers, fonctionnaires, employés militaires et assimilés qui se trouveront déjà dans cette position au 1er janvier 1889.

Les militaires mis en non-activité à partir du 1er janvier 1889 toucheront la proportion de la solde d'activité des tarifs applicables en 1889, déterminée par les articles 16 et 17 de la loi du 19 mai 1834, sur l'état des officiers.

V. — Abrogation des dispositions contraires.

Art. 22. Toutes les dispositions contraires au présent décret sont et demeurent abrogées.

Art. 23. Le Ministre de la guerre est chargé de l'exécution du présent décret.

Fait à Paris, le 4 janvier 1889.

Signé : CARNOT.

Par le Président de la République :

Le Ministre de la guerre,

Signé : C. DE FREYCINET.

TABLEAU A (TARIFS DÉFINITIFS).

TARIF N° 1. — Solde d'activité unifiée. (*Officiers assimilés et employés militaires.*)

DÉSIGNATION DES GRADES ET EMPLOIS.	SOLDE budgétaire par an.	RETENUE à déduire.	SOLDE NETTE par an.	par mois.	par jour.	SOLDE NETTE d'absence par jour.	OBSERVATIONS
Maréchal de France	30.315 79	1.515 79	28.800 »	2.400 »	80 »	»	
Général de division Intendant général Médecin inspecteur général	19.894 74	994 74	18.900 »	1.575 »	52 50	26 25	
Général de brigade Intendant militaire Médecin ou pharmacien inspecteur	13.263 16	663 16	12.600 »	1.050 »	35 »	17 50	
Colonel Sous-intendant militaire de 1re classe Médecin ou pharmacien principal de 1re classe	8.564 21	428 21	8.136 »	678 »	22 60	11 30	
Lieutenant-colonel Sous-intendant militaire de 2e classe Médecin ou pharmacien principal de 2e classe Vétérinaire principal de 1re classe	6.934 74	346 74	6.588 »	549 »	18 30	9 15	
Chef de bataillon, d'escadron ou major Sous-intendant militaire de 3e classe Médecin ou pharmacien major de 1re classe Vétérinaire principal de 2e classe Officier d'administration principal Officier d'administration principal greffier Garde d'artillerie principal de 1re classe Adjoint du génie principal de 1re classe Interprète principal	5.797 90	289 90	5.508 »	459 »	15 30	7 65	
Capitaine Adjoint à l'intendance Médecin ou pharmacien-major Vétérinaire en 1er { Après 13 ans dans le grade. }	4.357 89	217 89	4.140 »	345 »	11 50	5 75	
Officier d'administration de 1re classe Officier d'administration greffier de 1re classe Officier d'administration comptable de 1re classe Garde d'artillerie principal de 2e classe Adjoint du génie principal de 2e classe Contrôleur d'armes principal de 1re classe Archiviste principal de 1re classe Interprète de 1re classe { Après 13 ans à partir de la nomination à la classe immédiatement inférieure. }	4.357 89	217 89	4.140 »	345 »	11 50	5 75	Les catégories ci-contre bénéficient seules des augmentations progressives, lesquelles ne peuvent jamais profiter aux officiers d'administration de 2e classe, greffiers de 2e classe, comptables de 2e classe, gardes d'artillerie de 1re classe, adjoints du génie de 1re classe, contrôleurs d'armes principaux de 2e classe, archivistes principaux de 2e classe, interprètes de 2e classe qui ne seraient pas promus au grade ou à la classe supérieure quelle que soit d'ailleurs, leur ancienneté dans le grade.
Capitaine Adjoint à l'intendance Médecin ou pharmacien-major de 2e classe Vétérinaire en 1er { Après 10 ans dans le grade. } Officier d'administration de 1re classe Officier d'administration, greffier de 1re classe Officier d'administration comptable de 1re classe Garde d'artillerie principal de 2e classe Adjoint du génie principal de 2e classe Contrôleur d'armes principal de 1re classe Archiviste principal de 1re classe Interprète de 1re classe { Après 10 ans à partir de la nomination à la classe immédiatement inférieure. }	3.978 95	198 95	3.780 »	315 »	10 50	5 25	
Capitaine Adjoint à l'intendance Médecin ou pharmacien-major de 2e classe Vétérinaire en 1er { Après 6 ans dans le grade. } Officier d'administration de 1re classe Officier d'administration, greffier de 1re classe Officier d'administration comptable de 1re classe Garde d'artillerie principal de 2e classe Adjoint du génie principal de 2e classe { Au moment de la promotion à la classe. }	3.600 »	180 »	3.420 »	285 »	9 50	4 75	

DÉSIGNATION DES GRADES ET EMPLOIS.		SOLDE budgétaire par an.	RETENUE à déduire.	SOLDE NETTE par an.	par mois.	par jour.	SOLDE NETTE d'absence par jour.	OBSERVATIONS
Contrôleur d'armes principal de 1re classe. Archiviste principal de 1re classe. Interprète de 1re classe	Au moment de la promotion à la classe.	3.600 »	180 »	3.420 »	285 »	9 50	4 75	
Capitaine. Adjoint à l'intendance. Médecin ou pharmacien-major de 2e classe. Vétérinaire en 1er	Avant 6 ans de grade.	3.221 05	161 05	3.060 »	255 »	8 50	4 25	Même observation que d'autre part.
Officier d'administration de 2e classe. Officier d'administration greffier de 2e classe. Officier d'administration comptable de 2e classe. Garde d'artillerie de 1re classe. Adjoint du génie de 1re classe. Contrôleur d'armes principal de 2e classe. Archiviste principal de 2e classe. Interprète de 2e classe		3.221 05	161 05	3.060 »	255 »	8 50	4 25	
Lieutenant en 1er ou de 1re classe. Médecin ou pharmacien aide-major de 1re classe. Vétérinaire en second. Officier d'administration adjoint de 1re classe. Officier d'administration greffier de 3e classe. Officier d'administration aide-comptable de 1re classe. Garde d'artillerie de 2e classe. Adjoint du génie de 2e classe. Contrôleur d'armes de 1re classe. Archiviste de 1re classe. Interprète de 3e classe	1re moitié de la liste.	2.842 11	142 11	2.700 »	225 »	7 50	3 75	

DÉSIGNATION DES GRADES ET EMPLOIS.		SOLDE budgétaire par an.	RETENUE à déduire.	SOLDE NETTE par an.	par mois.	par jour.	SOLDE NETTE d'absence par jour.	OBSERVATIONS
Chef de musique après 10 ans de fonctions. Lieutenant de 2e classe ou en second		2.842 11	142 11	2.700 »	225 »	7 50	3 75	
Médecin ou pharmacien aide-major de 1re classe. Vétérinaire en second. Officier d'administration adjoint de 1re classe. Officier d'aeministration greffier de 3e classe. Officier d'administration aide-comptable de 1re classe. Garde d'artillerie de 2e classe. Adjoint du génie de 2e classe. Contrôleur d'armes de 1re classe. Archiviste de 1re classe. Interprète de 3e classe	2e moitié de la liste.	2.652 63	132 63	2.520 »	210 »	7 »	3 50	
Sous-lieutenant. Médecin ou pharmacien aide-major de 2e classe. Aide-vétérinaire. Officier d'administration adjoint de 2e classe. Officier d'administration greffier de 4e classe. Officier d'administration aide-comptable de 2e classe. Garde d'artillerie de 3e classe. Adjoint du génie de 3e classe. Contrôleur d'armes de 2e classe. Archiviste de 2e classe. Interprète auxiliaire de 1re classe. Chef de musique avant 10 ans de fonctions. Sous-lieutenant élève		2.463 16	123 16	2.340 »	195 »	6 50	3 25	
Médecin ou pharmacien stagiaire. Contrôleur d'armes de 3e classe. Archiviste de 3e classe		2.273 68	113 68	2.160 »	180 »	6 »	3 »	
Aide-vétérinaire stagiaire. Interprète auxiliaire de 2e classe		1.894 74	94 74	1.800 »	150 »	5 »	2 50	

TARIF N° 2. — Indemnité de monture.

DÉSIGNATION DES PARTIES PRENANTES.	ALLOCATION NETTE			OBSERVATIONS.
	par an.	par mois.	par jour.	
1° Officiers subalternes ou catégories de grade correspondant possédant un ou plusieurs chevaux à titre gratuit....................................	180 »	15 »	» 50	Les officiers comptables des corps de troupe à cheval (cavalerie et artillerie) ont droit à l'indemnité de monture.
2° Officiers supérieurs ou catégories de grade correspondant possédant un cheval à titre onéreux.	360 »	30 »	1 »	Les officiers élèves dans les Ecoles supérieures de guerre, de Saumur et de Fontainebleau ont droit, sans distinction d'origine, à l'indemnité de monture.
3° Officiers supérieurs ou catégories de grade correspondant possédant deux chevaux à titre onéreux...	540 »	45 »	1 50	La même indemnité de monture est acquise aux aides-vétérinaires stagiaires de l'Ecole d'application de cavalerie ; elle n'est pas due aux médecins et pharmaciens stagiaires de l'Ecole du Val-de-Grâce.
4° Officiers supérieurs possédant trois chevaux à titre onéreux...................................	720 »	60 »	2 »	

TARIF N° 3. — Indemnité aux troupes en marche, en corps et en détachement.

GRADES.	PAR JOUR.	OBSERVATIONS.
Officiers généraux..	10 »	Nota. — Cette indemnité est due aux officiers généraux, toutes les fois qu'ils marchent à la tête de leurs troupes en dehors des grandes manœuvres.
Officiers supérieurs..	5 »	
Officiers subalternes.......................................	3 »	

TARIF N° 4. — Indemnité pour résidence dans Paris.

GRADES ET EMPLOIS.	par jour.	GRADES ET EMPLOIS.	par jour.
Général de division et de brigade; intendant général et intendant militaire; médecin inspecteur général; médecin et pharmacien inspecteur................	5 »	Capitaine, lieutenant et sous-lieutenant, adjoint à l'intendance militaire, médecin et pharmacien major de 2e classe, aide-major, médecin et pharmacien stagiaire; officier d'administration et officier d'administration adjoint, greffier, comptable et aide-comptable; vétérinaire, aide-vétérinaire et aide-vétérinaire stagiaire; interprète et interprète auxiliaire; garde d'artillerie principal de 2e classe et garde d'artillerie; adjoint du génie principal de 2e classe et adjoint du génie; contrôleur d'armes principal et contrôleur d'armes; archiviste principal et archiviste.	2.60
Colonel et lieutenant-colonel; sous-intendant militaire de 1re et de 2e classe; médecin et pharmacien principal, vétérinaire principal de 1re classe..........	4 60		
Chef de bataillon et d'escadron, sous-intendant militaire de 3e classe, médecin et pharmacien-major de 1re classe, officier d'administration principal, greffier principal, vétérinaire principal de 2e classe, interprète principal, garde d'artillerie principal de 1re classe, adjoint du génie principal de 1re classe....	4 »		

TARIF N° 5. — Indemnité en rassemblement.

GRADES ET EMPLOIS.	PAR JOUR		GRADES ET EMPLOIS.	PAR JOUR	
	Indemnité n° 1.	Indemnité n° 2.		Indemnité n° 1.	Indemnité n° 2.
Général de division et de brigade, intendant général et intendant militaire, médecin inspecteur général, médecin et pharmacien inspecteur.	2 50	2 »	Capitaine, adjoint à l'intendance militaire médecin et pharmacien major de 2e classe, officier d'administration, greffier de 1re classe et de 2e classe, vétérinaire en 1er, interprète de 1re classe, garde principal d'artillerie de 2e classe et garde d'artillerie de 1re classe, contrôleur d'armes principal, adjoint principal du génie de 2e classe et adjoint du génie de 1re classe, archiviste principal.	1.40	1.05
Colonel, sous-intendant militaire, médecin et pharmacien principal, lieutenant-colonel, chef de bataillon et d'escadron, médecin et pharmacien major de 1re classe, officier d'administration principal, greffier principal, vétérinaire principal, interprète principal, garde d'artillerie et adjoint du génie principal de 1re classe.	2 »	1 50	Lieutenant, sous-lieutenant, médecin et pharmacien aide-major, greffier de 3e et 4e classe, vétérinaire en 2e, aide-vétérinaire et aide-vétérinaire stagiaire, interprète de 2e et de 3e classe, interprète auxiliaire, garde d'artillerie de 2e et de 3e classe, contrôleur d'armes, adjoint du génie de 2e et de 3e classe, archiviste, officier d'administration adjoint et aide-comptable.	1 »	» 75

TARIF N° 6. — Solde de disponibilité.

DÉSIGNATION des GRADES ET EMPLOIS.	PENDANT LES SIX PREMIERS MOIS.						APRÈS LES SIX PREMIERS MOIS						OBSERVATIONS.
	Solde budgétaire par an.	Retenue à déduire	SOLDE NETTE par an.	par mois.	par jour.	Solde nette à l'hôpital en jugement en détention par jour.	Solde budgétaire par an.	Retenue à déduire	SOLDE NETTE par an.	par mois.	par jour.	Solde nette à l'hôpital par jour.	
Général de division.. Intendant général inspecteur.......... Médecin inspecteur général..........	19.894 74	994 74	18.900	1.575	52 50	26 25	9.947 37	497 37	9.450	787.50	26 25	13 13	Les officiers passant de la position de non-activité à celle de disponibilité reçoivent la solde de disponibilité après les six premiers mois.
Général de brigade.. Intendant militaire .. Médecin et pharmacien inspecteur....	13.263 16	663 16	12.600	1.050	35 »	17 50	6.631 58	331 58	6.300	525 »	17 50	8 75	

TARIF N° 7. — Solde de la 2ᵉ section (réserve) du cadre de l'état-major général.

DÉSIGNATION DES GRADES ET EMPLOIS.	SOLDE budgétaire par an.	RETENUE à déduire.	SOLDE NETTE			SOLDE nette à l'hôpital par jour.
			par an.	par mois.	par jour.	
Général de division...... Intendant général...... Médecin inspecteur général......	9.000 »	180 »	8.820 »	735 »	24 50	12 25
Général de brigade...... Intendant militaire...... Médecin et pharmacien inspecteur......	6.002 45	120 05	5.882 40	490 20	16 34	8 17

TARIF N° 8. — Tarifs du corps du contrôle de l'administration de l'armée.

GRADES	SOLDE budgétaire par an.	RETENUE à déduire.	SOLDE NETTE			SOLDE d'absence par jour.	INDEMNITÉ de résidence dans Paris par jour.
			par an.	par mois.	par jour.		
Contrôleur général de 1ʳᵉ classe...............	19.212 63	960 63	18.252 »	1.521 »	50 70	25 35	4 60
Contrôleur général de 2ᵉ classe...............	12.656 84	632 84	12.024 »	1.002 »	33 40	16 70	4 30
Contrôleur de 1ʳᵉ classe...............	8.791 57	439 57	8.352 »	696 »	23 20	11 60	4 25
Contrôleur de 2ᵉ classe...............	7.162 10	358 10	6.804 »	567 »	18 90	9 45	4 25
Contrôleur adjoint...............	5.987 37	299 37	5.688 »	474 »	15 80	7 90	3 75

N° 9. — Corps du contrôle. — Solde de disponibilité.

DÉSIGNATION des GRADES.	PENDANT LES SIX PREMIERS MOIS.						APRÈS LES SIX PREMIERS MOIS.						OBSERVATIONS.
	SOLDE budgétaire par an.	RETENUE À DÉDUIRE.	SOLDE NETTE par an.	par mois.	par jour.	SOLDE nette d'absence.	SOLDE budgétaire par an.	RETENUE À DÉDUIRE.	SOLDE NETTE par an.	par mois.	par jour.	SOLDE nette d'absence.	
Contrôleur général. de 1re classe.	19.212 63	960 63	18.252 »	1.521 »	50 70	25 35	9.606 31	480 31	9.126 »	760 50	25 35	12 68	
de 2e classe..	12.656 84	632 84	12.024 »	1.002 »	33 40	16 70	6.328 42	316 42	6.012 »	501 »	16 70	8 35	
Contrôleur de 1re classe.	8.791 57	439 57	8.352 »	696 »	23 20	11 60	4.395 78	219 78	4.176 »	348 »	11 60	5 80	
de 2e classe..	7.162 10	358 10	6.804 »	567 »	18 90	9 45	3.581 05	179 05	3.402 »	283 50	9 45	4 73	
Contrôleur adjoint........	5.987 37	299 37	5.688 »	474 »	15 80	7 90	2.993 68	149 68	2.844 »	237 »	7 90	3 95	

N° 10. — Corps du contrôle. — Solde de la 2e section (*Réserve*).

DÉSIGNATION DES GRADES.	SOLDE budgétaire par an.	RETENUE à DÉDUIRE.	SOLDE NETTE par an.	par mois.	par jour.	SOLDE NETTE à l'hôpital par jour.	OBSERVATIONS
Contrôleur général de 1re classe.........	9.000 »	180 »	8.820 »	735 »	24 50	12 25	
Contrôleur général de 2e classe.........	6.002 45	120 05	5.882 40	490 20	16 34	8 17	

Tableau B.

TARIFS APPLICABLES EN 1889.

TARIFS APPLICABLES EN 1889.

TABLEAU B (TARIFS TRANSITOIRES).

NOTA. — Les présents tarifs ne modifient que les fixations des tarifs précédents et maintiennent les dispositions réglementaires en vigueur.

TARIF N° 1. — Etat-major général et service d'état-major.

GRADES.	SOLDE budgétaire par an.	A DÉDUIRE la retenue de 5 p. 100	SOLDE NETTE par an.	par mois.	par jour	SOLDE NETTE d'absence par jour.	ALLOCATION à titre d'indemnité de monture. par an.	parmois	parjour	OBSERVATIONS
Maréchal de France	30.126 32	1.506 32	28.620 »	2.385 »	79 50	» »	»	»	»	
Général de division	19.856 84	992 84	18.864 »	1.572 »	52 40	26 20	»	»	»	
Général de brigade	13.225 26	661 26	12.564 »	1.047 »	34 90	17 45	»	»	»	
Colonel	8.526 32	426 32	8.100 »	675 »	22 50	11 25	540 »	45 »	1 50	
Lieutenant-colonel	6.896 84	344 84	6.552 »	546 »	18 20	9 10	540 »	45 »	1 50	
Chef d'escadron	5.722 11	286 11	5.436 »	453 »	15 10	7 55	540 »	45 »	1 50	
Capitaines — actuellement pourvus de la 1re classe. n'ayant pas plus de 10 ans de grade...	3.600 »	180 »	3.420 »	285 »	9 50	4 75	180 »	15 »	0 50	
Capitaines — Actuellement pourvus de la 2e classe : n'ayant pas plus de 6 ans de grade..	3.221 05	161 05	3.060 »	255 »	8 50	4 25	180 »	15 »	0 50	
ayant plus de 6 ans de grade........	3.600 »	180 »	3.420 »	285 »	9 50	4 75	180 »	15 »	0 50	
ayant plus de 10 ans de grade........	3.978 95	198 95	3.780 »	315 »	10 50	5 25	180 »	15 »	0 50	
ayant plus de 13 ans de grade........	4.357 89	217 89	4.140 »	345 »	11 50	5 75	180 »	15 »	0 50	
Lieutenant. — 1re moitié de la liste........	2.842 11	142 11	2.700 »	225 »	7 50	3 75	54 »	4 50	0 15	
Lieutenant. — 2e moitié de la liste.........	2.652 63	132 63	2.520 »	210 »	7 »	3 50	144 »	12 »	0 40	
Sous-lieutenant	2.463 16	123 16	2.340 »	195 »	6 50	3 25	162 »	13 50	0 45	
Capitaine archiviste déjà pourvu de cette fonction après 13 ans de grade	4.357 89	217 89	4.140 »	345 »	11 50	5 75	»	»	»	
Archiviste principal de 1re classe. — n'ayant pas plus de 10 ans dans le grade immédiatement inférieur	3.524 21	176 21	3.348 »	279 »	9 30	4 65	»	»	»	
ayant plus de 10 ans dans le grade immédiatement inférieur	3.903 16	195 16	3.708 »	309 »	10 30	5 15	»	»	»	
ayant plus de 13 ans dans le grade immédiatement inférieur	4.282 11	214 11	4.068 »	339 »	11 30	5 65	»	»	»	
Archiviste principal de 2e classe	3.145 26	157 26	2.988 »	249 »	8 30	4 15	»	»	»	
Archiviste de 1re classe.. — 1re moitié de la liste........	2.766 32	138 32	2.628 »	219 »	7 30	3 65	»	»	»	
2e moitié de la liste........	2.690 53	134 53	2.556 »	213 »	7 10	3 55	»	»	»	
Archiviste de 2e classe	2.444 21	122 21	2.322 »	193 50	6 45	3 23	»	»	»	
Archiviste de 3e classe	2.254 74	112 74	2.142 »	178 50	5 95	2 98	»	»	»	

TARIF N° 2. — Intendance militaire.

GRADES.	SOLDE budgétaire par an.	A DÉDUIRE la retenue de 5 p. 100	SOLDE NETTE par an.	par mois.	par jour	SOLDE NETTE d'absence par jour.	ALLOCATION à titre d'indemnité de monture. par an.	parmois	parjour	OBSERVATIONS.
Intendant général	19.856 84	992 84	18.864 »	1.572 »	52 40	26 20	»	»	»	
Intendant militaire	13.225 26	661 26	12.564 »	1.047 »	34 90	17 45	»	»	»	
Sous-intendant militaire de 1re classe.....	8.526 32	426 32	8.100 »	675 »	22 50	11 25	540 »	45 »	1 50	
Sous-intendant militaire de 2e classe	6.896 84	344 84	6.552 »	546 »	18 20	9 10	540 »	45 »	1 50	
Sous-intendant militaire de 3e classe	6.290 53	314 53	5.976 »	498 »	16 60	8 30	»	»	»	
Adjoint à l'intendance militaire. — actuellement pourvu du grade : n'ayant pas plus de 10 ans dans le grade	3.600 »	180 »	3.420 »	285 »	9 50	4 75	180 »	15 »	0 50	
ayant plus de 10 ans de grade	3.978 95	198 95	3.780 »	315 »	10 50	5 25	180 »	15 »	0 50	
ayant plus de 13 ans de grade	4.357 89	217 89	4.140 »	345 »	11 50	5 75	180 »	15 »	0 50	

TARIF N° 3. — Etat-major particulier de l'artillerie.

GRADES.	SOLDE budgétaire par an.	A DÉDUIRE la retenue de 5 p. 100.	SOLDE NETTE par an.	par mois.	par jour.	SOLDE NETTE D'ABSENCE par jour.	ALLOCATION à titre d'indemnité de monture. par an.	par mois.	par jour.	OBSERVATIONS.
Colonel	8.526 32	426 32	3.100 »	675 »	22 50	11 25	540 »	45 »	1 50	
Lieutenant-colonel	6.896 84	344 84	6.552 »	546 »	18 20	9 10	540 »	45 »	1 50	
Chef d'escadron	5.722 11	286 11	5.436 »	453 »	15 10	7 55	540 »	45 »	1 50	
Capitaine — actuellement pourvu de la 1re classe, n'ayant pas plus de 10 ans de grade	3.600 »	180 »	3.420 »	285 »	9 50	4 75	180 »	15 »	0 50	
Capitaine — actuellement pourvu de la 2e classe — n'ayant pas plus de 6 ans de grade	3.221 05	161 05	3.060 »	255 »	8 50	4 25	180 »	15 »	0 50	
Capitaine — actuellement pourvu de la 2e classe — ayant plus de 6 ans de grade	3.600 »	180 »	3.420 »	285 »	9 50	4 75	180 »	15 »	0 50	
Capitaine — ayant plus de 10 ans de grade	3.978 95	198 95	3.780 »	315 »	10 50	5 25	180 »	15 »	0 50	
Capitaine — ayant plus de 13 ans de grade	4.357 89	217 89	4.140 »	345 »	11 50	5 75	180 »	15 »	0 50	
principal de 1re classe — à pied	5.343 16	267 16	5.076 »	423 »	14 10	7 05	»	»	»	
principal de 1re classe — à cheval	5.418 95	270 95	5.148 »	429 »	14 30	7 15	»	»	»	
2e cl. — n'ayant pas plus de 10 ans dans le grade immédiatement inférieur — à pied	3.600 »	180 »	3.420 »	285 »	9 50	4 75	»	»	»	
2e cl. — n'ayant pas plus de 10 ans dans le grade immédiatement inférieur — à cheval	3.600 »	180 »	3.420 »	285 »	9 50	4 75	144 »	12 »	0 40	

GRADES.	SOLDE budgétaire par an.	A DÉDUIRE la retenue de 5 p. 100.	SOLDE NETTE par an.	par mois.	par jour.	SOLDE NETTE D'ABSENCE par jour.	ALLOCATION à titre d'indemnité de monture. par an.	par mois.	par jour.	OBSERVATIONS.
Garde — Principal de — ayant plus de 10 ans dans le grade immédiatement inférieur — à pied	3.978 95	198 95	3.780 »	315 »	10 50	5 25	»	»	»	Les gardes d'artillerie de tous grades conservent la solde attribuée par les tarifs en vigueur et ne pourront recevoir la solde fixée par le présent tarif qu'après le vote de la loi sur l'unification des pensions de retraite.
Garde — Principal de — ayant plus de 10 ans dans le grade immédiatement inférieur — à cheval	3.978 95	198 95	3.780 »	315 »	10 50	5 25	144 »	12 »	0 40	
Garde — Principal de — ayant plus de 13 ans dans le grade immédiatement inférieur — à pied	4.357 89	217 89	4.140 »	345 »	11 50	5 75	»	»	»	
Garde — Principal de — ayant plus de 13 ans dans le grade immédiatement inférieur — à cheval	4.357 89	217 89	4.140 »	345 »	11 50	5 75	144 »	12 »	0 40	
Garde — de 1re classe, actuellement pourvu du grade — à pied	3.334 74	166 74	3.168 »	264 »	8 80	4 40	»	»	»	
Garde — de 1re classe, actuellement pourvu du grade — à cheval	3.221 05	161 05	3.060 »	255 »	8 50	4 25	144 »	12 »	0 40	
Garde — de 2e classe — 1re moitié de la liste — à pied	2.690 53	134 53	2.556 »	213 »	7 10	3 55	»	»	»	
Garde — de 2e classe — 1re moitié de la liste — à cheval	2.804 21	140 21	2.664 »	222 »	7 40	3 70	»	»	»	
Garde — de 2e classe — 2e moitié de la liste — à pied	2.614 74	130 74	2.484 »	207 »	6 90	3 45	»	»	»	
Garde — de 2e classe — 2e moitié de la liste — à cheval	2.652 63	132 63	2.520 »	210 »	7 »	3 50	54 »	4 50	0 15	
Garde — de 3e classe — à pied	2.444 21	122 21	2.322 »	193 50	6 45	3 23	»	»	»	
Garde — de 3e classe — à cheval	2.463 16	123 16	2.340 »	195 »	6 50	3 25	118 80	9 90	0 38	
Contrôleur d'armes — Principal de 1re classe — n'ayant pas plus de 10 ans dans le grade immédiatement inférieur	3.524.21	176 21	3.348 »	279 »	9 30	4 65	»	»	»	
Contrôleur d'armes — Principal de 1re classe — ayant plus de 10 ans dans le grade immédiatement inférieur	3.903 16	195 16	3.708 »	309 »	10 30	5 15	»	»	»	
Contrôleur d'armes — Principal de 1re classe — ayant plus de 13 ans dans le grade immédiatement inférieur	4.282 11	214 11	4.068 »	339 »	11 30	5 65	»	»	»	
Contrôleur d'armes — Principal de 2e classe	3.145 26	157 26	2.988 »	249 »	8 30	4 15	»	»	»	
Contrôleur d'armes — de 1re classe — 1re moitié de la liste	2.766 32	138 32	2.628 »	219 »	7 30	3 65	»	»	»	
Contrôleur d'armes — de 1re classe — 2e moitié de la liste (actuellement pourvu du grade)	2.690 53	134 53	2.556 »	213 »	7 10	3 55	»	»	»	
Contrôleur d'armes — de 2e classe	2.444 21	122 21	2.322 »	193 50	6 45	3 23	»	»	»	
Contrôleur d'armes — de 3e classe	2.254 74	112 74	2.142 »	178 50	5 95	2 98	»	»	»	

TARIF N° 4. — Etat-major particulier du génie.

GRADES.	SOLDE budgétaire par an.	À déduire la retenue de 5 p. 100.	SOLDE NETTE par an.	par mois.	par jour.	Solde nette d'absence par jour.	ALLOCATION à titre d'indemnité de monture. par an.	par mois.	par jour.	OBSERVATIONS.
Colonel	8.526 32	426 32	8.100 »	675 »	22 50	11 25	540 »	45 »	1 50	Les adjoints du génie de tous grades conservent la solde attribuée par les tarifs en vigueur et ne pourront recevoir la solde fixée par le présent tarif qu'après le vote de la loi sur l'unification des pensions de retraite.
Lieutenant-colonel	6.896 84	344 84	6.552 »	546 »	18 20	9 10	540 »	45 »	1 50	
Chef de bataillon	5.722 11	286 11	5.436 »	453 »	15 10	7 55	540 »	45 »	1 50	
Capitaine — actuellement pourvu de la 1re classe, n'ayant pas plus de 10 ans de grade	3.600 »	180 »	3.420 »	285 »	9 50	4 75	180 »	15 »	» 50	
Capitaine — actuellement pourvu de la 2e classe, n'ayant pas plus de 6 ans dans le grade	3.221 05	161 05	3.060 »	255 »	8 50	4 25	180 »	15 »	» 50	
Capitaine — actuellement pourvu de la 2e classe, ayant plus de 6 ans dans le grade	3.600 »	180 »	3.420 »	285 »	9 50	4 75	180 »	15 »	» 50	
Capitaine — ayant plus de 10 ans de grade	3.978 95	198 95	3.780 »	315 »	10 50	5 25	180 »	15 »	» 50	
Capitaine — ayant plus de 13 ans de grade	4.357 89	217 89	4.140 »	345 »	11 50	5 75	180 »	15 »	» 50	
Adjoint principal de 2e cl. — de 1re classe, à pied	5.343 16	267 16	5.076 »	423 »	14 10	7 05	»	»	»	
Adjoint principal de 2e cl. — de 1re classe, à cheval	5.418 95	270 95	5.148 »	429 »	14 30	7 15	»	»	»	
Adjoint principal de 2e cl. — n'ayant pas plus de 10 dans le grade immédiatement inférieur, à pied	3.600 »	180 »	3.420 »	285 »	9 50	4 75	»	»	»	
Adjoint principal de 2e cl. — n'ayant pas plus de 10 dans le grade immédiatement inférieur, à cheval	3.600 »	180 »	3.420 »	285 »	9 50	4 75	144 »	12 »	» 40	
Adjoint principal de 2e cl. — ayant plus de 10 ans dans le grade immédiatement inférieur, à pied	3.978 95	198 95	3.780 »	315 »	10 50	5 25	»	»	»	
Adjoint principal de 2e cl. — ayant plus de 10 ans dans le grade immédiatement inférieur, à cheval	3.978 95	198 95	3.780 »	315 »	10 50	5 25	144 »	12 »	» 40	
Adjoint principal de 2e cl. — ayant plus de 13 ans dans le grade immédiatement inférieur, à pied	4.357 89	217 89	4.140 »	345 »	11 50	5 75	»	»	»	
Adjoint principal de 2e cl. — ayant plus de 13 ans dans le grade immédiatement inférieur, à cheval	4.357 89	217 89	4.140 »	345 »	11 50	5 75	144 »	12 »	» 40	
Adjoint de 2e cl. — de 1re classe, à pied actuellement pourvu du grade	3.334 74	166 74	3.168 »	264 »	8 80	4 40	»	»	»	
Adjoint de 2e cl. — de 1re classe, à cheval	3.221 05	161 05	3.060 »	255 »	8 50	4 25	144 »	12 »	» 40	
Adjoint de 2e cl. — 1re moitié de la liste, à pied	2.690 53	134 53	2.556 »	213 »	7 10	3 55	»	»	»	
Adjoint de 2e cl. — 1re moitié de la liste, à cheval	2.804 21	140 21	2.664 »	222 »	7 40	3 70	»	»	»	
Adjoint de 2e cl. — 2e moitié de la liste, à pied	2.614 74	130 74	2.484 »	207 »	6 90	3 45	»	»	»	
Adjoint de 2e cl. — 2e moitié de la liste, à cheval	2.652 63	132 63	2.520 »	210 »	7 »	3 50	54 »	4 50	» 15	
Adjoint de 2e cl. — de 3e classe, à pied	2.444 21	122 21	2.322 »	193 50	6 45	3 23	»	»	»	
Adjoint de 2e cl. — de 3e classe, à cheval	2.463 16	123 16	2.340 »	195 »	6 50	3 25	118 80	9 90	» 33	

TARIF N° 5. — Personnel du recrutement et de l'armée territoriale.

GRADES.	SOLDE budgétaire par an.	A déduire la retenue de 5 p. 100	SOLDE NETTE			SOLDE nette d'absence par jour	ALLOCATION à titre d'indemnité de monture			OBSERVATIONS.
			par an.	par mois.	par jour.		par an	par mois.	par jour.	
Colonel.................................	8.488 42	424 42	8.064 »	672 »	22 40	11 20	»	»	»	
Lieutenant-colonel......................	6.631 58	331 58	6.300 »	525 »	17 50	8 75	»	»	»	
Chef de bataillon.......................	5.570 53	278 53	5.292 »	441 »	14 70	7 35	»	»	»	
Capitaine ..... { actuellement pourvu du grade : n'ayant pas plus de 10 ans de grade.................	3.751 58	187 58	3.564 »	297 »	9 90	4 95	»	»	»	
ayant plus de 10 ans de grade.	3.978 95	198 95	3.780 »	315 »	10 50	5 25	»	»	»	
ayant plus de 13 ans de grade.	4.357 89	217 89	4.140 »	345 »	11 50	5 75	»	»	»	
1re moitié de la liste..........	2.766 32	138 32	2.628 »	219 »	7 30	3 65	»	»	»	
Lieutenant..... { 2e moitié de la liste (actuellement pourvu du grade).....	2.728 42	136 42	2.592 »	216 »	7 20	3 60	»	»	»	
Sous-lieutenant.........................	2.501 05	125 05	2.376 »	198 »	6 60	3 30		»	»	

TARIF N° 6. — Dépôts de remonte.

GRADES.	SOLDE budgétaire par an.	A déduire la retenue de 5 p. 100	SOLDE NETTE			SOLDE nette d'absence par jour	ALLOCATION à titre d'indemnité de monture.			OBSERVATIONS.
			par an.	par mois.	par jour.		par an	par mois	par jour.	
Colonel.................................	8.526 32	426 32	8.100 »	675 »	22 50	11 25	72 »	6 »	0 20	
Lieutenant-colonel......................	6.783 16	339 16	6.444 »	537 »	17 90	8 95	»	»	»	
Chef d'escadrons	5.684 21	284 21	5.400 »	450 »	15 »	7 50	»	»	»	
Capitaine { actuellement pourvu de la 1re classe, n'ayant pas plus de 10 ans de grade...............	3.600 »	180 »	3.420 »	285 »	9 50	4 75	180 »	15 »	0 50	
actuellement pourvu de la 2e classe. { n'ayant pas plus de 6 ans de grade..................	3.221 05	161 05	3.060 »	255 »	8 50	4 25	180 »	15 »	0 50	
ayant plus de 6 ans de grade.	3 600 »	180 »	3.420 »	285 »	9 50	4 75	180 »	15 »	0 50	
Ayant plus de 10 ans de grade...............	3.978 95	198 95	3 780 »	315 »	10 50	5 25	180 »	15 »	0 50	
Ayant plus de 13 ans de grade...............	4.357 89	217 89	4.140 »	345 »	11 50	5 75	180 »	15 »	0 50	
Lieutenant en 1er.......................	2.842 11	142 11	2.700 »	225 »	7 50	3 75	36 »	3 »	0 10	
Lieutenant en 2e........................	2.652 63	132 63	2 520 »	210 »	7 »	3 50	72 »	6 »	0 20	
Sous-lieutenant.........................	2.463 16	123 16	2.340 »	195 »	6 50	3 25	144 »	12 »	0 40	

GRADES.	SOLDE budgétaire par an.	A déduire la retenue de 5 p. 100	SOLDE NETTE			SOLDE nette d'absence par jour.	ALLOCATION à titre d'indemnité de monture.			OBSERVATIONS.
			par an.	par mois.	par jour.		par an.	par mois.	par jour.	
Colonel	8.526 32	426 32	8.100 »	675 »	22 50	11 25	72 »	6 »	0 20	
Lieutenant-colonel	6.783 16	339 16	6.444 »	537 »	17 90	8 95	»	»	»	
Chef d'escadron	5.684 21	284 21	5.400 »	450 »	»	7 50	»	»	»	
Capitaine — Actuellement pourvu du grade : N'ayant pas plus de 6 ans de grade	3.562 10	178 10	3.384 »	282 »	9 40	4 70	180 »	15 »	0 50	
Capitaine — Ayant plus de 6 ans de grade	3.600 »	180 »	3.420 »	285 »	9 50	4 75	180 »	15 »	0 50	
Capitaine — Ayant plus de 10 ans de grade	3.978 95	198 95	3.780 »	315 »	10 50	5 25	180 »	15 »	0 50	
Capitaine — Ayant plus de 13 ans de grade	4.357 89	217 89	4.140 »	345 »	11 50	5 75	180 »	15 »	0 50	
Lieutenant — 1ʳᵉ moité de la liste	2.842 11	142 11	2.700 »	225 »	7 50	3 75	36 »	3 »	0 10	
Lieutenant — 2e moitié de la liste	2.652 63	132 63	2.520 »	210 »	7 »	3 50	126 »	10 50	0 35	
Sous-lieutenant	2.463 16	123 16	2.340 »	195 »	6 50	3 25	144 »	12 »	0 40	

TARIF N° 8. — Personnel de santé.

GRADES.	SOLDE budgétaire par an.	À déduire la retenue de 5 p. 100.	SOLDE NETTE par an.	par mois.	par jour.	Solde nette d'absence par jour.	ALLOCATION à titre d'indemnité de monture. par an.	par mois.	par jour.	Observations.
Médecin et pharmacien. Inspecteur général	19.856 84	992 84	18.864 »	1.572 »	52 40	26 20	»	»	»	
Inspecteur	13.225 26	661 26	12.564 »	1.047 »	34 90	17 45	»	»	»	
Principal de 1re classe (actuellement pourvu du grade)	9.094 74	454 74	8.640 »	720 »	24 »	12 »	»	»	»	
Principal de 2e classe	7.465 26	373 26	7.092 »	591 »	19 70	9 85	»	»	»	
CORPS DE TROUPE.										
Médecin-maj. de 1re classe. Dans les régiments d'artillerie	5.722 11	286 11	5.436 »	453 »	15 10	7 55	540 »	45 »	1 50	
Dans les autres corps de troupe	6.290 53	314 53	5.976 »	498 »	16 60	8 30	»	»	»	
Médecin-maj. de 2e classe. Actuellement pourvu du grade : N'ayant pas plus de 10 ans de grade	3.600 »	180 »	3.420 »	285 »	9 50	4 75	180 »	15 »	» 50	
Ayant plus de 10 ans de grade	3.978 95	198 95	3.780 »	315 »	10 50	5 25	180 »	15 »	» 50	
Ayant plus de 13 ans de grade	4.357 89	217 89	4.140 »	345 »	11 50	5 75	180 »	15 »	» 50	
Médecin aide-maj. de 1re cl. 1re moitié de la liste	2.842 11	142 11	2.700 »	225 »	7 50	3 75	54 »	4 50	» 15	
2e moitié de la liste	2.652 63	132 63	2.520 »	210 »	7 »	3 50	144 »	12 »	» 40	
Médecin aide-major de 2e classe	2.690 53	134 53	2.556 »	213 »	7 10	3 55	»	»	»	
SERVICE HOSPITALIER.										
Médecin et pharmacien-major de 1re classe, actuellement pourvus du grade	6.290 53	314 53	5.970 »	490 »	16 60	8 30	»	»	»	
Médecin et pharmacien major de 2e classe. Actuellement pourvus du grade : N'ayant pas plus de 10 ans de grade	3.789 47	139 47	3.600 »	300 »	10. »	5 »	»	»	»	
Ayant plus de 10 ans de grade	3.978 95	198 95	3.780 »	315 »	10 50	5 25	»	»	»	
Ayant plus de 13 ans de grade	4.357 89	217 89	4.140 »	345 »	11 50	5 75	»	»	»	
Médecin et pharmacien aide-major. de 1re clas. 1re moitié de la liste	2.804 21	140 21	2.664 »	222 »	7 40	3 70	»	»	»	
2e moitié de la liste (actuellement pourvus du grade.)	2.766 32	138 32	2.628 »	219 »	7 30	3 65	»	»	»	
De 2e classe (actuellement pourvus du grade)	2.690 53	134 53	2.556 »	213 »	7 10	3 55	»	»	»	

TARIF N° 9. — Officiers d'administration.

GRADES.	SOLDE budgétaire par an.	A déduire la retenue de 5 p. 100.	SOLDE NETTE. par an.	par mois.	par jour	SOLDE NETTE d'absence par jour.	ALLOCATION à titre d'indemnité de monture par an.	par mois.	par jour.	OBSERVATIONS.
Officier d'administration principal et greffier principal — à pied....	5.343 16	267 16	5.076 »	423 »	14 10	7 05	»	»	»	Les officiers d'administration de tous grades conservent la solde actuellement attribuée par les tarifs en vigueur et ne pourront recevoir la solde fixée par le présent tarif qu'après le vote de la loi sur l'unification des pensions de retraite.
— à cheval..	5.456 84	272 84	5.184 »	432 »	14 40	7 20	»	»	»	
Officier d'admin. de 1re cl... — greffier de 1re classe ..... — comptable de 1re classse. — actuellement pourvus du grade : n'ayant pas plus de 10 ans dans le grade immédiatement inférieur. — à pied....	3.600 »	180 »	3.420 »	285 »	9 50	4 75	»	»	»	
— à cheval..	3.600 »	180 »	3.420 »	285 »	9 50	4 75	144 »	12 »	0 40	
ayant plus de 10 ans dans le grade immédiatement inférieur. — à pied....	3.978 95	198 95	3.780 »	315 »	10 50	5 25	»	»	»	
— à cheval..	3.978 95	198 95	3.780 »	315 »	10 50	5 25	144 »	12 »	0 40	
ayant plus de 18 ans dans le grade immédiatement inférieur. — à pied....	4.357 89	217 89	4.140 »	345 »	11 50	5 75	»	»	»	
— à cheval..	4.357 89	217 89	4.140 »	345 »	11 50	5 75	144 »	12 »	0 40	
— d'adm. de 2e cl. .... — greffier de 2e cl..... — comptable de 2e cl.. (actuellement pourvu du grade). — à pied..............	3.334 74	166 74	3.168 »	264 »	8 80	4 40	»	»	»	
— à cheval.............	3.221 05	161 05	3.060 »	255 »	8 50	4 25	144 »	12 »	0 40	
— adjoint de 1re cl..... — greffier de 3e cl..... — aide-compt. de 1re cl. — 1re moitié de la liste à pied	2.690 53	134 53	2.556 »	213 »	7 10	3 55	»	»	»	
— 1re moitié de la liste à cheval..	2.804 21	140 21	2.664 »	222 »	7 40	3 70	»	»	»	
— 2e moitié de la liste à pied	2.674 74	130 74	2.484 »	207 »	6 90	3 45	»	»	»	
— 2e moitié de la liste à cheval..	2.652 63	132 63	2.520 »	210 »	7 »	3 50	54 »	4 50	0 15	
— adjoint de 2e cl ..... — greffier de 4e cl..... — aide-compt. de 2e cl. — à pied..............	2.444 21	122 21	2.322 »	193 50	6 45	3 23	» .	»	»	
— à cheval..............	2.463 16	123 16	2.340 »	195 »	6 50	3 25	118 80	9 90	0 96	

TARIF N° 10. — Officiers détachés dans le service de la justice militaire.

GRADES.		SOLDE budgétaire par an.	A déduire la retenue de 5 p. 100.	SOLDE NETTE			SOLDE NETTE d'absence par jour.	ALLOCATION À titre d'indemnité de monture.			OBSERVATIONS.
				par an.	par mois.	par jour.		par an.	par mois.	par jour.	
Chef de bataillon............................		5.343 16	267 16	5.076 »	423 »	14 10	7 05	»	»	»	
Capitaine	actuellement pourvu du grade:								»		
	n'ayant pas plus 1re moitié de la liste...	3.600 »	180 »	3.420 »	285 »	9 50	4 75	»	»	»	
	de 10 ans de grade 2e moitié de la liste...	3.600 »	180 »	3.420 »	285 »	9 50	4 75	»	»	»	
	ayant plus de 10 ans de grade..........	3.978 95	198 95	3.780 »	315 »	10 50	5 25	»	»	»	
	ayant plus de 13 ans de grade..........	4.357 89	217 89	4.140 »	345 »	11 50	5 75	»	»	»	
Lieutenant............	1re moitié de la liste...	2.690 53	134 53	2.556 »	213 »	7 10	3 55	»	»	»	
	2e moitié de la liste...	2.614 74	130 74	2.484 »	207 »	6 90	3 45	»	»	»	
Sous-lieutenant.............................		2.444 21	122 21	2.322 »	193 50	6 45	3 23	»	»	»	

TARIF N° 11. — Vétérinaires militaires.

GRADES.		SOLDE budgétaire par an.	A déduire la retenue de 5 p. 100.	SOLDE NETTE			SOLDE NETTE d'absence par jour.	ALLOCATION à titre d'indemnité de monture.			OBSERVATIONS.
				par an.	par mois.	par jour.		par an.	par mois.	par jour.	
Vétérinaire principal de 1re classe...........		6.707 37	335 37	6.372 »	531 »	17 70	8 85	»	»	»	Les vétérinaires militaires de tous grades conservent la solde actuellement attribuée par les tarifs en vigueur et pourront recevoir la solde fixée par le présent tarif qu'après le vote de la loi sur l'unification des pensions de retraite.
Vétérinaire principal de 2e classe............		5.646 32	282 32	5.364 »	447 »	14 00	7 45	»	»	»	
Vétérinaire en 1er	n'ayant pas plus de 6 ans de grade.	3.221 05	161 05	3.060 »	255 »	8 50	4 25	180 »	15 »	0 50	
	ayant plus de 6 ans de grade....	3.600 »	180 »	3.420 »	285 »	9 50	4 75	180 »	15 »	0 50	
	ayant plus de 10 ans de grade...	3.978 95	198 95	3.780 »	315 »	10 50	5 25	180 »	15 »	0 50	
	ayant plus de 13 ans de grade..	4.357 89	217 89	4.140 »	345 »	11 50	5 75	180 »	15 »	0 50	
Vétérinaire en 2e	1re moitié de la liste............	2.842 11	142 11	2.700 »	225 »	7 50	3 75	36 »	3 »	0 10	
	2e moitié de la liste............	2.652 63	132 63	2.520 »	210 »	7 »	3 50	126 »	10 50	0 35	
Aide-vétérinaire.........................		2.463 16	123 16	2.340 »	195 »	6 50	3 25	144 »	12 »	0 40	

TARIF N° 12. — Interprètes militaires.

GRADES.	SOLDE budgétaire par an.	A déduire la retenue de 5 p. 100	SOLDE NETTE			SOLDE nette d'absence par jour.	ALLOCATION à titre d'indemnité de monture.			OBSERVATIONS
			par an.	par mois.	par jour.		par an.	par mois.	par jour.	
Interprète principal...................	5.684 21	284 21	5.400 »	450 »	15 »	7 50	»	»	»	Les interprètes militaires de tous grades conservent la solde actuellement attribuée par les tarifs en vigueur et ne pourront recevoir la solde fixée par le présent tarif qu'après le vote de la loi sur l'unification des pensions de retraite.
Interprète de 1re classe. — Actuellement pourvu du grade : N'ayant pas plus de 10 ans dans le grade immédiatement inférieur ...	3.600 »	180 »	3.420 »	285 »	9 50	4 75	180 »	15 »	0 50	
Ayant plus de 10 ans dans le grade immédiatement inférieur........	3.978 95	198 95	3.780 »	315 »	10 50	5 25	180 »	15 »	0 50	
Ayant plus de 13 ans dans le grade immédiatement inférieur........	4.357 89	217 89	4.140 »	345 »	11 50	5 75	180 »	15 »	0 50	
Interprète de 2e classe...................	3.221 05	161 05	3.060 »	255 »	8 50	4 25	»	»	»	
Interprète de 3e classe. — 1re moitié de la liste.....	2.728 42	136 42	2.592 »	216 »	7 20	3 60	»	»	»	
2e moitié de la liste.....	2.614 74	130 74	2.484 »	207 »	6 90	3 45	»	»	»	
Interprète auxiliaire. — de 1re classe.............	2.463 16	123 16	2.340 »	195 »	6 50	3 25	46 80	3 90	0 13	
de 2e classe	1.894 74	94 74	1.800 »	150 »	5 »	2 50	108 »	9 »	0 30	

TARIF N° 13. — Infanterie.

Régiments d'infanterie, bataillons de chasseurs à pied, régiments étrangers, régiments de zouaves et de tirailleurs algériens, bataillons d'infanterie légère d'Afrique.

GRADES.	SOLDE budgétaire par an.	À DÉDUIRE la retenue de 5 pour cent.	SOLDE NETTE par an.	par mois.	par jour.	SOLDE NETTE d'absence par jour.	ALLOCATION à titre d'indemnité de monture par an.	par mois.	par jour.	OBSERVATIONS.
Colonel	8.147 37	407 37	7.740 »	645 »	21 50	10 75	»	»	»	
Lieutenant-colonel	6.631 58	331 58	6.300 »	525 »	17 50	8 75	»	»	»	
Chef de bataillon ou major — breveté	5.456 84	272 84	5.184 »	432 »	14 40	7 20	»	»	»	
Chef de bataillon ou major — non breveté	5.418 95	270 95	5.148 »	429 »	14 30	7 15	»	»	»	
Capitaine — actuellement pourvu de la 1re classe, n'ayant pas plus de 6 ans de grade — à pied	3.600 »	180 »	3.420 »	285 »	9 50	4 75	»	»	»	
— à cheval	3.410 53	170 53	3.240 »	270 »	9 »	4 50	180 »	15 »	» 50	
actuellement pourvu de la 2e classe, n'ayant pas plus de 6 ans de grade — à pied	3.334 74	166 74	3.168 »	264 »	8'80	4 40	»	»	»	
— à cheval	3.221 05	161 05	3.060 »	255 »	8 50	4 25	144 »	12 »	» 40	
ayant plus de 6 ans de grade — à pied	3.600 »	180 »	3.420 »	285 »	9 50	4 75	»	»	»	
— à cheval	3.600 »	180 »	3.420 »	285 »	9 50	4 75	144 »	12 »	» 40	
ayant plus de 10 ans de grade — à pied	3.978 95	198 95	3.780 »	315 »	10 50	5 25	»	»	»	
— à cheval	3.978 95	198 95	3.780 »	315 »	10 50	5 25	144 »	12 »	» 40	
ayant plus de 13 ans de grade — à pied	4.357 80	217 80	4.140 »	345 »	11 50	5 75	»	»	»	
— à cheval	4.357 89	217 89	4.140 »	345 »	11 50	5 75	144 »	12 »	» 40	
Lieutenant — de 1re classe — à pied	2.690 53	134 53	2.556 »	213 »	7 10	3 55	»	»	»	
— à cheval	2.804 21	140 21	2.664 »	222 »	7 40	3 70	»	»	»	
de 2e classe — à pied	2.576 84	128 84	2.448 »	204 »	6 80	3 40	»	»	»	
— à cheval	2.652 63	132 63	2.520 »	210 »	7 »	3 50	18 »	1 50	» 05	
Sous-lieutenant	2.444 21	122 21	2.322 »	193 50	6 45	3 23	»	»	»	

TARIF N° 14. — Infanterie.
Compagnies de discipline.

GRADES.	SOLDE budgétaire par an.	À DÉDUIRE la retenue de 5 p. 100.	SOLDE NETTE			SOLDE nette d'absence par jour.	ALLOCATION à titre d'indemnité de monture.			OBSER-VATIONS.
			par an	par mois.	par jour.		par	par mois.	par jour.	
Capitaine... { Actuellement pourvu du grade..... N'ayant pas plus de 10 ans de grade	3.600 »	180 »	3.420 »	285 »	9 50	4 75	144 »	12 »	0 40	
Ayant plus de 10 ans de grade....	3.978 95	198 95	3.780 »	315 »	10 50	5 25	144 »	12 »	0 40	
Ayant plus de 13 ans de grade....	4.357 89	217 89	4.140 »	345 »	11 50	5 75	144 »	12 »	0 40	
Lieutenant.. { 1re moitié de la liste........	2.690 53	134 53	2.556 »	213 ‹	7 10	3 55	»	»	»	
2e moitié de la liste..............	2.614 74	130 74	2.484 »	207 »	6 90	3 45	»	»	»	
Sous-lieutenant.......................	2.444 21	122 21	2.322 ‹	193 50	6 45	3 23	»	»	»	

TARIF N° 15. — Cavalerie.
Régiments de cuirassiers, de dragons, de chasseurs, de hussards, de chasseurs d'Afrique et de spahis.
— Compagnies de cavaliers de remonte.

GRADES.	SOLDE budgétaire par an.	À DÉDUIRE la retenue de 5 p. 100.	SOLDE NETTE			SOLDE nette d'absence par jour.	ALLOCATION à titre d'indemnité de monture.			OBSER-VATIONS.
			par an.	par mois.	par jour.		par an.	par mois.	par jour.	
Colonel........................	8.526 32	426 32	8.100 »	675 »	22 50	11 25	72 »	6 »	0 20	Les officiers comptables des corps de cavalerie ont droit à l'indemnité de monture.
Lieutenant-colonel...............	6.783 16	339 16	6.444 »	537 »	17 90	8 95	»	»	»	
Chef d'escadrons ou major.......	5.684 21	284 21	5.400 »	450 »	15 »	7 50	»	»	»	
Capitaine { Actuellement pourvu de la 1re classe ou commandant n'ayant pas plus de 6 ans de grade	3.751 58	187 58	3 564 »	297 »	9 90	4 95	»	»	»	
Actuellement pourvu de la 2e classe, n'ayant pas plus de 6 ans de grade..............	3.221 05	161 05	3.060 »	255 »	8 50	4 25	180 »	15 »	0 50	
Ayant plus de 6 ans de grade...........	3.600 »	180 »	3.420 »	285 »	9 50	4 75	180 »	15 »	0 50	
Ayant plus de 10 ans de grade...........	3.978 95	198 95	3.780 »	315 »	10 50	5 25	180 »	15 »	0 50	
Ayant plus de 13 ans de grade...........	4.357 89	217 89	4.140 »	345 »	11 50	5 75	180 »	15 »	0 50	
Lieutenant.. { de 1re classe ou en 1er........	2.8 2 11	142 11	2.700 »	225 »	7 50	3 75	36 »	3 »	0 10	
de 2e classe ou en 2e..........	2.652 63	132 63	2.520 »	210 »	7 »	3 50	72 »	6 »	0 20	
Sous-lieutenant....................	2.463 16	123 16	2.340 »	195 »	6 50	3 25	144 »	12 »	0 40	

TARIF N° 16. — Artillerie.

Bataillons d'artillerie de forteresse. — Régiments d'artillerie et d'artillerie pontonniers.

GRADES.	SOLDE budgétaire par an.	À déduire la retenue de 5 p. 100.	SOLDE NETTE par an.	par mois.	par an.	SOLDE nette d'absence par jour.	ALLOCATION à titre d'indemnité de monture. par an.	par mois.	par jour.	OBSERVATIONS.
Colonel	8.526 32	426 32	8.100 »	675 »	22 50	11 25	540 »	45 »	1 50	Les officiers comptables ont droit à l'indemnité de monture.
Lieutenant-colonel	6.896 84	344 84	6.552 »	546 »	18 20	9 10	540 »	45 »	1 50	
Chef d'escadron ou major	5.722 11	286 11	5.436 »	453 »	15 10	7 55	540 »	45 »	1 50	
Capitaine — actuellement pourvu de la 1re classe, ou commandant, n'ayant pas plus de 6 ans de grade	3.600 »	180 »	3.420 »	285 »	9 50	4 75	180 »	15 »	» 50	
Capitaine — actuellement pourvu de la 2e classe, n'ayant pas plus de 6 ans de grade	3.221 05	161 05	3.060 »	255 »	8 50	4 25	180 »	15 »	» 50	
Capitaine — actuellement pourvu de la 2e classe, ayant plus de 6 ans de grade	3.600 »	180 »	3.420 »	285 »	9 50	4 75	180 »	15 »	» 50	
ayant plus de 10 ans de grade	3.978 95	198 95	3.780 »	315 »	10 50	5 25	180 »	15 »	» 50	
ayant plus de 13 ans de grade	4.357 89	217 89	4.140 »	345 »	11 50	5 75	180 »	15 »	» 50	
Lieutenant — en 1er	2.842 11	142 11	2.700 »	225 »	7 50	3 75	54 »	4 50	» 15	
Lieutenant — en 2e	2.652 63	132 63	2.520 »	210 »	7 »	3 50	108 »	9 »	» 30	
Sous-lieutenant, actuellement pourvu du grade	2.690 53	134 53	2.556 »	213 »	7 10	3 55	»	»	»	

TARIF N° 17. — Artillerie.

Compagnies d'ouvriers d'artillerie et d'artificiers.

GRADES.	SOLDE budgétaire par an.	A DÉDUIRE la retenue de 5 p. 100.	SOLDE NETTE			SOLDE NETTE d'absence par jour.	ALLOCATION à titre d'indemnité de monture			OBSER-VATIONS.
			par an.	par mois.	par jour.		par an.	par mois.	par jour.	
Capitaine..... { actuellement pourvu de la 1re classe, ou commandant, n'ayant pas plus de 6 ans de grade.....	3.789 47	189 47	3.600 »	300 »	10 »	5 »	»	»	»	
actuellement pourvu de la 2e classe: n'ayant pas plus de 6 ans de grade.................	3.410 53	170 53	3.240 »	270 »	9 »	4 50	»	»	»	
ayant plus de 6 ans de grade..	3.600 »	180 »	3.420 »	285 »	9 50	4 75	»	»	»	
ayant plus de 10 ans de grade...	3.978 95	198 95	3.780 »	315 »	10 50	5 25	»	»	»	
ayant plus de 13 ans de grade....	4.357 89	217 89	4.140 »	345 »	11 50	5 75	»	»	»	
Lieutenant... { en 1er.........................	2.804 21	140 21	2.664 »	222 »	7 40	3 70	»	»	»	
en 2e, actuellement pourvu du grade.......	2.690 53	134 53	2.556 »	213 »	7 10	3 55	»	»	»	
Sous-lieutenant, actuellement pourvu du grade...	2.690 53	134 53	2.556 »	213 »	7 10	3 55	»	»	»	

TARIF N° 18. — Génie.

GRADES.	SOLDE budgétaire par an. (fr.)	(c.)	À déduire la retenue de 5 p. 100. (fr.)	(c.)	SOLDE NETTE par an. (fr.)	(c.)	par mois. (fr.)	(c.)	par jour. (fr.)	(c.)	SOLDE nette d'absence par jour. (fr.)	(c.)	ALLOCATION à titre d'indemnité de monture. par an. (fr.)	(c.)	par mois. (fr.)	(c.)	par jour. (fr.)	(c.)	OBSERVATIONS.
Colonel	8.526	32	426	32	8.100	»	675	»	22	50	11	25	540	»	45	»	1	50	
Lieutenant-colonel	6.896	84	344	84	6.552	»	546	»	18	20	9	10	540	»	45	»	1	50	
Chef de bataillon ou major — breveté	5.722	11	286	11	5.436	»	453	»	15	10	7	55	540	»	45	»	1	50	
Chef de bataillon ou major — non-breveté	6.290	53	314	53	5.976	»	498	»	16	60	8	30	»		»		»		
Capitaine. — actuellement pourvu de la 1re classe, n'ayant pas plus de six ans de grade — à pied	3.789	47	189	47	3.600	»	300	»	10	»	5	»	»		»		»		
à cheval	3.600	»	180	»	3.420	»	285	»	9	50	4	75	180	»	15	»	0	50	
actuellement pourvu de la 2e classe — n'ayant pas plus de 6 ans de grade — à pied	3.410	53	170	53	3.240	»	270	»	9	»	4	50	»		»		»		
à cheval	3.221	05	161	05	3.060	»	255	»	8	50	4	25	180	»	15	»	0	50	
ayant plus de 6 ans de grade — à pied	3.600	»	180	»	3.420	»	285	»	9	50	4	75	»		»		»		
à cheval	3.600	»	180	»	3.420	»	285	»	9	50	4	75	180	»	15	»	0	50	
ayant plus de 10 ans de grade — à pied	3.978	95	198	95	3.780	»	315	»	10	50	5	25	»		»		»		
à cheval	3.978	95	198	95	3.780	»	315	»	10	50	5	25	180	»	15	»	0	50	
ayant plus de 13 ans de grade — à pied	4.357	89	217	89	4.140	»	345	»	11	50	5	75	»		»		»		
à cheval	4.357	89	217	89	4.140	»	345	»	11	50	5	75	180	»	15	»	0	50	
Lieutenant. — en 1er — à pied	2.804	21	140	21	2.664	»	222	»	7	40	3	70	»		»		»		
à cheval	2.843	11	142	11	2.700	»	225	»	7	50	3	75	54	»	4	50	0	15	
en 2e (actuellement pourvu du grade) — à pied	2.690	53	134	53	2.556	»	213	»	7	10	3	55	»		»		»		
à cheval	2.652	63	132	63	2.520	»	210	»	7	»	3	50	108	»	9	»	0	30	
Sous-lieutenant (actuellement pourvu du grade) — à pied	2.690	53	134	53	2.556	»	213	»	7	10	3	55	»		»		»		
à cheval	2.690	53	134	53	2.556	»	213	»	7	10	3	55	»		»		»		

TARIF N° 19. — Train des équipages militaires.

GRADES.	SOLDE budgétaire par an.	A DÉDUIRE la retenue de 5 pour 100.	SOLDE NETTE			SO. DE NETTE d'absence par jour	ALLOCATION à titre d'indemnité de monture			OBSERVA-TIONS.
			par an.	par mois.	par jour.		par an.	par mois.	par jour.	
Colonel	8.526 32	426 32	8.100 »	675 »	22 50	11 25	72 »	6 »	» 20	
Lieutenant colonel	6.783 16	339 16	6.444 »	537 »	17 90	8 95	»	»	»	
Chef d'escadron	5.684 21	284 21	5.400 »	450 »	15 »	7 50	»	»	»	
Capitaine { actuellement pourvu de la 1re classe, ou commandant, n'ayant pas plus de 6 ans de grade	3.751 58	187 58	3.564 »	297 »	9 90	4 95	»	»	»	
actuellement pourvu de la 2e classe, n'ayant pas plus de 6 ans de grade	3.221 05	161 05	3.060 »	255 »	8 50	4 25	180 »	15 »	» 50	
ayant plus de 6 ans de grade	3.600 »	180 »	3.420 »	285 »	9 50	4 75	180 »	15 »	» 50	
ayant plus de 10 ans de grade	3.978 95	198 95	3.780 »	315 »	10 50	5 25	180 »	15 »	» 50	
ayant plus de 13 ans de grade	4.357 89	217 89	4.140 »	345 »	11 50	5 75	180 »	15 »	» 50	
Lieutenant { en 1er	2.842 11	142 11	2.700 »	225 »	7 50	3 75	36 »	3 »	» 10	
en 2e	2.652 63	132 63	2.520 »	210 »	7 »	3 50	72 »	6 »	» 20	
Sous-lieutenant	2.463 16	123 16	2.340 »	195 »	6 50	3 25	144 »	12 »	» 40	

TARIF N° 20. — Gendarmerie.
Gendarmerie départementale.

GRADES.	SOLDE budgétaire par an.	À déduire la retenue de 5 p. 100.	SOLDE NETTE par an.	par mois.	par jour.	SOLDE nette d'absence par jour.	ALLOCATION à titre d'indemnité de monture par an.	par mois.	par jour.	OBSERVATIONS.
Colonel	8.526 32	426 32	8.100 »	675 »	22 50	11 25	540 »	45 »	1 50	
Lieutenant-colonel actuellement pourvu du grade.	7.806 32	390 32	7.416 »	618 »	20 60	10 30	»	»	»	
Chef d'escadron	5.722 11	286 11	5.436 »	453 »	15 10	7 55	540 »	45 »	1 50	
Capitaine — Commandant d'arrondissement — actuellement pourvu de l'emploi, n'ayant pas plus de 10 ans de grade	3.600 »	180 »	3.420 »	285 »	9 50	4 75	180 »	15 »	0 50	
Capitaine — Commandant d'arrondissement — ayant plus de 10 ans de grade	3.978 95	198 95	3.780 »	315 »	10 50	5 25	180 »	15 »	0 50	
Capitaine — Commandant d'arrondissement — ayant plus de 13 ans de grade	4.357 89	217 89	4.140 »	345 »	11 50	5 75	180 »	15 »	0 50	
Capitaine — Trésorier, actuellement pourvu de l'emploi — n'ayant pas plus de 10 ans de grade	3.789 47	189 47	3.600 »	300 »	10 »	5 »	»	»	»	
Capitaine — Trésorier, actuellement pourvu de l'emploi — ayant plus de 10 ans de grade	3.978 95	198 95	3.780 »	315 »	10 50	5 25	»	»	»	
Capitaine — Trésorier, actuellement pourvu de l'emploi — ayant plus de 13 ans de grade	4.357 89	217 89	4.140 »	345 »	11 50	5 75	»	»	»	
Lieutenant — Commandant d'arrondissement — 1re moitié de la liste	2.842 11	142 11	2.700 »	225 »	7 50	3 75	72 »	6 »	0 20	
Lieutenant — Commandant d'arrondissement — 2e moitié de la liste	2.652 63	132 63	2.520 »	210 »	7 »	3 50	180 »	15 »	0 50	
Lieutenant — Trésorier — 1re moitié de la liste, actuellement pourvu de l'emploi	3.221 05	161 05	3.060 »	255 »	8 50	4 25	»	»	»	
Lieutenant — Trésorier — 2e moitié de la liste, actuellement pourvu de l'emploi	3.221 05	161 05	3.060 »	255 »	8 50	4 25	»	»	»	
Sous-lieutenant — commandant d'arrondissement actuellement pourvu de l'emploi	2.690 53	134 53	2.556 »	213 »	7 10	3 55	»	»	»	
Sous-lieutenant — trésorier actuellement pourvu de l'emploi	2.917 89	145 89	2.772 »	231 »	7 70	3 85	»	»	»	

TARIF N° 21. — Gendarmerie.

Gendarmerie d'Afrique.

GRADES.	SOLDE budgétaire par an.	A DÉDUIRE la retenue de 5 pour 100.	SOLDE NETTE par an.	par mois.	par jour (1).	SOLDE NETTE d'absence par jour (2).	ALLOCATION à titre d'indemnité de monture. par an.	par mois.	par jour.	OBSERVATIONS.
Colonel, actuellement pourvu du grade.........	9.890 53	494 58	9.396 »	783 »	26 10	»	»	»	»	(1) Les officiers encore pourvus de la solde spéciale et qui viennent à l'intérieur dans une position leur donnant droit à la solde de présence, reçoivent cette Ide sur le pied de l'intérieur.
Lieutenant-colonel, actuellement pourvu du grade.	8.791 58	439 58	8.352 »	696 »	23 20	»	»	»	»	
Chef d'escadron, actuellement pourvu du grade.	6.681 58	331 58	6.300 »	525 »	17 50	»	»	»	»	
Capitaine — commandant d'arrondissement — actuellement pourvu de l'emploi — n'ayant pas plus de 10 ans de grade......	3.978 95	198 95	3.780 »	315 »	10 50	»	»	»	»	
Capitaine — commandant d'arrondissement — actuellement pourvu de l'emploi — ayant plus de 10 ans de grade.........	3.978 95	198 95	3.780 »	315 »	10 50	»	180 »	15 »	0 50	
Capitaine — commandant d'arrondissement — ayant plus de 13 ans de grade.	4.357 89	217 89	4.140 »	345 »	11 50	»	180 »	15 »	0 50	
Capitaine — trésorier — actuellement pourvu de l'emploi, quelle que soit l'ancienneté de grade.........	4.395 79	219 79	4.176 »	348 »	11 60	»	»	»	»	(2) La solde d'absence est celle fixée pour l'intérieur, en 1889.
Lieutenant — commandant d'arrondissement — 1re moitié de la liste (actuellement pourvu de l'emploi)..	3.296 84	164 84	3.132 »	261 »	8 70	»	»	»	»	
Lieutenant — commandant d'arrondissement — 2e moitié de la liste (actuellement pourvu de l'emploi)..	3.296 84	164 84	3.132 »	261 »	8 70	»	»	»	»	
Lieutenant — trésorier — 1re moitié de la liste (actuellement pourvu de l'emploi)..	3.865 26	193 26	3.672 »	306 »	10 20	»	»	»	»	
Lieutenant — trésorier — 2e moitié de la liste (actuellement pourvu de l'emploi)..	3.865 26	193 26	3.672 »	306 »	10 20	»	»	»	»	
Sous-lieutenant — commandant d'arrondissement....	2.993 68	149 68	2.844 »	237 »	7 90	»	»	»	»	
Sous-lieutenant — trésorier.....................	3.448 42	172 42	3.276 »	273 »	9 10	»	»	»	»	

TARIF N° 22. — Garde républicaine.

GRADES	SOLDE budgétaire par an	A déduire la retenue le 5 p. 100	SOLDE NETTE par an	par mois.	par jour.	Solde nette d'absence par jour.	ALLOCATION à titre d'indemnité de monture par an	par mois.	par jour.	OBSERVATIONS.
Colonel	8.526 32	426 32	8.100 »	675 »	22 50	11 25	540 »	45 »	1 50	
Lieutenant-colonel — Infanterie	6.896 84	344 84	6.552 »	546 »	18 20	9 10	540 »	45 »	1 50	
Lieutenant-colonel — Cavalerie	6.896 84	344 84	6.552 »	546 »	18 20	9 10	540 »	45 »	1 50	
Chef d'escadron — Infanterie	6.290 53	314 53	5.976 »	498 »	16 60	8 30	»	»	»	
Chef d'escadron — Cavalerie	5.722 11	286 11	5.436 »	453 »	15 10	7 55	540 »	45 »	1 50	
Major	6.290 53	314 53	5.976 »	498 »	16 60	8 3(	»	»	»	
Capitaine — adjudant-major d'infanterie / commandant les compagnies d'infanterie (déjà pourvu de l'emploi.)	3.600 »	180 »	3.420 »	285 »	9 50	4 75	180 »	15 »	0 50	
Capitaine — adjudant-major de cavalerie / instructeur / commandant les escadrons de cavalerie (n'ayant pas plus de 10 ans de grade.)	3.903 16	195 16	3.708 »	309 »	10 30	5 15	»	»	»	
Capitaine — trésorier / d'habillement (Idem)	3.789 47	189 47	3.600 »	300 »	10 »	5 »	»	»	»	
Capitaine — adjudant-major d'infanterie / commandant les compagnies d'infanterie (ayant plus de 10 ans de grade.)	3.978 95	198 95	3.780 »	315 »	10 50	5 25	180 »	15 »	0 50	
Capitaine — adjudant-major de cavalerie / instructeur / commandant les escadrons de cavalerie (ayant plus de 13 ans de grade.)	4.357 89	217 89	4.140 »	345 »	11 50	5 75	180 »	15 »	0 50	
Capitaine — trésorier (ayant plus de 10 ans de grade.)	3.978 95	198 95	3.780 »	315 »	10 50	5 25	»	»	»	
Capitaine — d'habillement (ayant plus de 13 ans de grade.)	4.357 89	217 89	4.140 »	345 »	11 5C	5 75	»	»	»	
Lieutenant — des compagnies d'infanterie — 1re moitié de la liste	2.842 11	142 11	2.700 »	225 »	7 50	3 75	»	»	»	
Lieutenant — des compagnies d'infanterie — 2e moitié de la liste (actuellement pourvu de l'emploi.)	2.804 21	140 21	2.664 »	222 »	7 40	3 70	»	»	»	
Lieutenant — des escadrons de cavalerie — 1re moitié de la liste	2.842 11	142 11	2.700 »	225 »	7 50	3 75	180 »	15 »	0 50	
Lieutenant — des escadrons de cavalerie — 2e moitié de la liste	2.993 68	149 68	2.844 »	237 »	7 90	3 95	»	»	»	
Sous-lieutenant — des compagnies d'infanterie	2.501 05	125 05	2.376 »	198 »	6 60	3 30	»	»	»	
Sous-lieutenant — des escadrons de cavalerie	2.690 53	134 53	2.556 »	213 »	7 10	3 55	»	»	»	
Chef de musique — jusqu'à 10 ans de fonctions	2.501 05	125 05	2.376 »	198 »	6 60	3 30	»	»	»	
Chef de musique — après 10 ans de fonctions	2.842 11	142 11	2.700 »	225 »	7 50	3 75	»	»	»	

TARIF N° 23. — Ecoles militaires

1re SECTION — PERSONNEL MILITAIRE

§ 1er. — OFFICIERS. — 1° CADRES

Les officiers des cadres des écoles militaires qui se trouveront employés dans ces établissements au 1er janvier 1889, conserveront transitoirement la solde dont ils jouissent. Les nouveaux venus dans ces établissements, après le 1er janvier auront droit à la solde déterminée par les nouveaux tarifs pour leur arme, d'après leur grade.

2° ÉLÈVES

1° *Officiers détachés des corps de troupe aux écoles d'application et à l'école supérieure de guerre.*

Ces officiers ayant droit actuellement à la solde de la cavalerie recevront, à partir du 1er janvier 1889, la solde prévue pour les officiers de cette arme, d'après le grade.

2° *Officiers élèves de l'école de tir et de gymnastique.*

Les officiers détachés dans les écoles de tir et de gymnastique après le 1er janvier 1889, auront droit à la solde de leur arme respective déterminée, pour ladite année, par les tarifs.

3° OFFICIERS ÉLÈVES DES ÉCOLES D'APPLICATION

DÉSIGNATION DES GRADES ET EMPLOIS.	SOLDE budgétaire par an.	Retenue à déduire.	SOLDE NETTE			Solde nette d'absence par jour.	ALLOCATION à titre d'indemnité de monture.			OBSERVATIONS.
			par an.	par mois.	par jour.		par an	par mois.	par jour.	
Sous-lieutenant élève...............	2.273 68	113 63	2.160 »	180 »	6 »	3 »	126 »	10 50	0 35	
Médecin ou pharmacien stagiaire.,..............	2.273 68	113 68	2.160 »	180 »	6 »	3 »	»	»	»	
Aide-vétérinaire stagiaire................	1.894 74	94 74	1.800 »	150 »	5 »	2 50	118 80	9 90	0 33	

§ 2. TROUPE. — 1° CADRES.

Sans modifications.

2° ÉLÈVES.

Sans autre modification que la suivante :

Ecoles régionales de tir et écoles militaires préparatoires.

Les hommes de troupe non gradés et enfants de troupe ont droit à l'augmentation de 0 fr. 01 ou de 0 fr. 02 par jour dans les mêmes conditions que les hommes non gradés des corps de troupe participant à l'augmentation.

Paris et Limoges. — Imprimerie militaire Henri Charles-Lavauzelle.